LE
GRAND ARCANE

OU

L'OCCULTISME DÉVOILÉ

PAR

ELIPHAS LÉVI

PARIS

CHAMEL, ÉDITEUR

5, rue de Savoie, 5

1898

LE GRAND ARCANE

OU

L'OCCULTISME DÉVOILÉ

LE
GRAND ARCANE
OU
L'OCCULTISME DÉVOILÉ

PAR

ÉLIPHAS LÉVI

PARIS
CHAMUEL, ÉDITEUR
5, rue de Savoie, 5

1898

LETTRE DU BARON SPÉDALIÉRI
A L'ÉDITEUR

Marseille, le 18 Août 1896.

Mon bien cher Ami,

J'apprends avec plaisir que, durant votre séjour à Londres, vous êtes allé, sur ma recommandation, visiter mon ami Maitland et prendre communication de différentes œuvres manuscrites de notre maître chéri Eliphas Lévi que je lui avais donné entre autres le Grand Arcane. *Toutes sont de l'écriture du Maître, excepté la dernière* le Grand Arcane *et voici pourquoi.*

Lorsque, en juin 1868, il eut fini d'écrire cet ouvrage destiné à la publication et écrit tout de sa main, il me l'envoya pour en prendre communication et en même temps pour en prendre copie. Or, c'est ce que je fis avec soin et c'est cette fidèle copie que j'ai donnée à Maitland. Vous pouvez donc la considérer comme si c'était l'original.

Agréez, cher Ami, mes salutations fraternelles,

Baron SPÉDALIÉRI.

INTRODUCTION

Cet ouvrage est le testament de l'auteur ; c'est le plus important et le dernier de ses livres sur la science occulte.

Il est divisé en trois livres :

LIVRE PREMIER

Le mystère hiératique ou les documents traditionnels de la haute initiation.

LIVRE SECOND

Le mystère royal ou l'art de se faire servir par les puissances.

LIVRE TROISIÈME

Le mystère sacerdotal ou l'art de se faire servir par les esprits.

Ce livre n'a besoin ni d'introduction ni de préface : les ouvrages précédents de l'auteur pouvant lui servir amplement de préface et d'introduction.

Ici est le dernier mot de l'occultisme et il est écrit aussi clairement qu'il nous a été possible de le faire.

Ce livre peut et doit-il être publié ? Nous l'ignorions en l'écrivant ; mais nous avons cru devoir et pouvoir l'écrire.

S'il existe encore de véritables initiés dans le monde, c'est pour eux que nous l'écrivons et c'est à eux seuls qu'il appartient de nous juger.

Eliphas LÉVI.

Septembre 1868

LIVRE PREMIER

[Nous avons reconnu en confrontant les textes que le Livre premier du GRAND ARCANE d'après le manuscrit de Londres était conforme au LIVRE DES SPLENDEURS, autre ouvrage posthume du Maître, publié en 1894.

Nous y renvoyons le Lecteur en attendant de pouvoir réunir les trois livres du GRAND ARCANE en une édition ultérieure.]

L'ÉDITEUR

LIVRE SECOND

LIVRE SECOND

Le mystère royal ou l'art de soumettre les puissances.

CHAPITRE I

LE MAGNÉTISME

Le magnétisme est une force analogue à celle de l'aimant ; il est réparti dans toute la nature.

Ses caractères sont : l'attraction, la répulsion et la polarisation équilibrée.

La science constate les phénomènes de l'aimant astral et de l'aimant minéral. L'aimant animal se manifeste tous les jours par des faits que la science observe avec défiance, mais qu'elle ne peut déjà plus nier, bien qu'elle attende avec raison pour les admettre qu'on on puisse terminer l'analyse par une synthèse incontestable.

On sait que l'aimantation produite par le magnétisme animal détermine un sommeil extraordinaire pendant lequel l'âme du magnétisé tombe sous la dépendance du magnétiseur avec cette particularité que la personne endormie semble laisser oisive sa vie propre et particulière pour manifester uniquement les phénomènes de la vie universelle. Elle reflète la pensée des autres, voit autrement que par les yeux, se rend présente partout sans avoir conscience de l'espace, perçoit les formes bien mieux que les couleurs, supprime ou confond les périodes du temps, parle de l'avenir comme s'il était passé et du passé comme s'il était à venir, explique au magnétiseur ses propres pensées et jusqu'aux reproches secrets de la conscience, évoque dans son souvenir les personnes auxquelles il pense et les décrit de la manière la plus exacte sans que le somnambule ou la somnambule les ait jamais vues, parle le langage de la science avec le savant et celui de l'imagination avec le poète, découvre les maladies et en devine les remèdes, donne souvent de sages conseils, souffre avec celui qui souffre et pousse parfois d'avance un cri douloureux en vous annonçant des tourments qui doivent venir.

Ces faits étranges mais incontestables nous entraînent nécessairement à conclure qu'il existe une vie commune pour toutes les âmes, ou du moins une sorte de réflecteur commun de toutes les imaginations et de toutes les mémoires où nous pouvons nous voir les uns les autres, comme il arrive dans une foule qui passe devant un miroir. Ce réflecteur c'est la lumière odique du chevalier de Reichembach, c'est notre lumière astrale, c'est le grand agent de la vie nommé *od*, *ob* et *aour* par les Hébreux. Le magnétisme dirigé par la volonté de l'opérateur c'est Od, le somnambulisme passif c'est Ob: Les Pythonisses de l'antiquité étaient des somnambules ivres de lumière astrale passive. Cette lumière, dans nos livres sacrés, est appelée esprit de Python parce que dans la mythologie grecque le serpent Python en est l'image allégorique.

Elle est représentée aussi dans sa double action par le serpent du caducée; le serpent de droite est Od, celui de gauche est Ob, et au milieu, au sommet de la verge hermétique, brille le globe d'or qui représente Aour ou la lumière équilibrée.

Od représente la vie librement dirigée, Ob représente la vie fatale. C'est pour cela que le législateur hébreu dit: Malheur à ceux qui devinent par Ob, car ils évoquent la fatalité, ce qui est un attentat contre la providence de Dieu et contre la liberté de l'homme.

Il y a certes une grande différence entre le serpent Python, qui se traînait dans la fange du déluge et que le soleil perça de ses flèches; il y a, disons-nous, une grande différence entre ce serpent et celui qui s'enroule autour du bâton d'Esculape, de même que le serpent tentateur de l'Eden diffère du serpent d'airain qui guérissait les malades dans le désert. Ces deux serpents opposés figurent en effet les forces contraires qu'on peut associer, mais qui ne doivent jamais se confondre. Le sceptre d'Hermès, en les séparant, les concilie et en quelque sorte les réunit; et c'est ainsi qu'aux yeux pénétrants de la science, l'harmonie résulte de l'analogie des contraires.

Nécessité et Liberté, telles sont les deux grandes lois de la vie; et ces deux lois n'en font qu'une, car elles sont indispensables l'une à l'autre.

La nécessité sans liberté serait fatale comme la liberté privée de son frein nécessaire deviendrait insensée. Le droit sans devoir, c'est la folie. Le devoir sans droit, c'est la servitude.

Tout le secret du magnétisme consiste en ceci : gouverner la fatalité de l'*ob* par l'intelligence et la puissance de l'*od* afin de créer l'équilibre parfait d'*aour*.

Lorsqu'un magnétiseur, mal équilibré et soumis à la fatalité par des passions qui le maîtrisent, veut imposer son activité à la lumière fatale, il ressemble à un homme qui aurait les yeux bandés et qui, monté sur un cheval aveugle, le stimulerait à grands coups d'éperons au milieu d'une forêt pleine d'anfractuosités et de précipices.

Les devins, les tireurs de cartes, les somnambules sont tous des hallucinés qui devinent par *ob*.

Le verre d'eau de l'hydromancie, les cartes d'Etteila, les lignes de la main, etc., produisent chez le voyant une sorte d'hypnotisme. Il voit alors le consultant dans les reflets de ses désirs insensés ou de ses imaginations cupides, et comme il est lui-même un esprit sans élévation et sans noblesse de volonté, il devine les folies et en suggère de plus grandes encore, ce qui est pour lui du reste une condition du succès.

Un cartomancier qui conseillerait l'honnêteté et les bonnes mœurs perdrait bientôt sa clientèle de femmes entretenues et de vieilles filles hystériques.

Les deux lumières magnétiques pourraient s'appeler l'une la lumière vive et l'autre la lumière morte, l'une le fluide astral et l'autre le phosphore spectral, l'une le flambeau du verbe et l'autre la fumée du rêve.

Pour magnétiser sans danger il faut avoir en soi la lumière de vie, c'est-à-dire qu'il faut être un sage et un juste.

L'homme esclave des passions ne magnétise pas, il fascine ; mais le rayonnement de sa fascination aggrandit autour de lui le cercle de son vertige ; il multiplie ses charmes et affaiblit de plus en plus sa volonté. Il ressemble à une araignée qui s'épuise et qui reste enfin prise dans ses propres réseaux.

Les hommes jusqu'à présent n'ont pas encore connu l'empire suprême de la raison, ils la confondent avec le raisonnement particulier et presque toujours erroné de chacun. Cependant M. de la Palice lui-même, leur dirait que celui qui se trompe n'a pas raison, la raison étant précisément le contraire de nos erreurs.

Les individus et les masses que la raison ne gouverne pas sont esclaves de la fatalité, c'est elle qui fait l'opinion et l'opinion est reine du monde.

Les hommes veulent être dominés, étourdis, entraînés. Les grandes passions leur semblent plus belles que des vertus, et ceux qu'ils appellent de grands hommes sont souvent de grands insensés. Le cynisme de Diogène leur plaît comme le charlatanisme d'Empédocle.

Ils n'admireraient rien tant qu'Ajax et que Capanée, si Polyeucte n'était pas encore plus furieux. Pyrame et Thisbé qui se tuent sont les modèles des amants. L'auteur d'un paradoxe est toujours sûr de faire un nom. Et ils ont beau par dépit et par envie condamner à l'oubli le nom d'Erostate, ce nom est si beau de démence qu'il surnage sur leur colère et s'impose éternellement à leur souvenir !

Les fous sont donc magnétiseurs ou plutôt fascinateurs, et c'est ce qui rend la folie contagieuse. Faute de savoir mesurer ce qui est grand, on s'éprend de ce qui est étrange.

Les enfants qui ne peuvent pas encore marcher veulent qu'on les prenne et qu'on les remue.

Personne n'aime tant la turbulence que les impotents. C'est l'incapacité du plaisir qui fait les Tibère et les Messaline. Le gamin de Paris au paradis des boulevards voudrait être Cartouche, et rit de tout son cœur en voyant ridiculiser Télémaque.

Tout le monde n'a pas le goût des ivresses opiacées ou alcooliques, mais presque tout le monde voudrait enivrer son esprit et se plairait facilement à laisser délirer son cœur.

Lorsque le Christianisme s'imposa au monde par la fascination du martyre, un grand écrivain de ce temps-là formula la pensée de tous en s'écriant : « Je crois parce que c'est absurde ! »

La folie de la Croix, comme Saint-Paul l'appelait lui-même, était alors invinciblement envahissante. On brûlait les livres des sages, et Saint-Paul préludait à Ephèse aux exploits d'Omar. On renversait des temples qui étaient les merveilles du monde et des idoles qui étaient les chefs-d'œuvre des arts. On avait le goût de la mort et l'on voulait dépouiller l'existence présente de tous ses ornements pour se détacher de la vie.

Le dégoût des réalités accompagne toujours l'amour des rêves : *Quam sordet tellus dum cœlum aspicio !* dit un célèbre mystique; littéralement : Que la terre devient sale quand je regarde le ciel ! Eh quoi, ton œil en s'égarant dans l'espace salit la terre ta nourrice ! Qu'est-ce donc que la terre si ce n'est un astre du ciel ? Est-ce parce qu'elle te porte qu'elle est sale ? Mais qu'on te transporte dans le soleil et tes dégoûts saliront bientôt le soleil ! Le ciel serait-il plus propre s'il était vide ? Et n'est-il pas admirable à contempler parce que dans le jour il illumine la terre, et parce que dans la nuit, il brille d'une multitude innombrable de terres et de soleils ! Quoi, la terre splendide, la terre aux océans immenses, la terre pleine d'arbres et de fleurs devient une ordure pour toi, parce que tu voudrais t'élancer dans le vide ? Crois-moi, ne cherche pas à te déplacer pour cela : le vide est dans ton esprit et dans ton cœur !

C'est l'amour des rêves qui mêle tant de douleurs aux rêves de l'amour. L'amour tel que nous le donne la nature est une délicieuse réalité, mais notre orgueil maladif voudrait quelque chose de mieux que la nature. De là vient la folie hystérique des incompris. La pensée de Charlotte, dans la tête de Werther, se transforme fatalement comme elle devait le faire, et prend la forme brutale d'une balle de pistolet. L'amour absurde a pour dénouement le suicide.

L'amour vrai, l'amour naturel, est le miracle du magnétisme. C'est l'entrelacement des deux serpents du caducée ; il semble se produire fatalement, mais il est produit par la raison suprême qui lui fait suivre les lois de la nature. La fable raconte que Tirésias ayant séparé deux serpents qui s'accouplaient, encourut la colère de Vénus et devint Androgyne ; ce qui annula chez lui la puissance sexuelle, puis la déesse irritée le frappa encore et le rendit aveugle parce qu'il attribuait à la femme ce qui convient principalement à l'homme. Tirésias était un devin qui prophétisait par la lumière morte. Aussi ses prédictions annonçaient-elles et semblaient-elles toujours déterminer des malheurs. Cette allégorie contient et résume toute la philosophie du magnétisme que nous venons de révéler.

CHAPITRE II

LE MAL

Le mal dans ce qu'il a de réalité est l'affirmation du désordre. Or en présence de l'ordre éternel, le désordre est essentiellement transitoire. En présence de l'ordre absolu qui est la volonté de Dieu, le désordre n'est que relatif. L'affirmation absolue du désordre et du mal est donc essentiellement le mensonge.

L'affirmation absolue du mal, c'est la négation de Dieu, puisque Dieu est la raison suprême et absolue du bien.

Le mal, dans l'ordre philosophique, c'est la négation de la raison.

Dans l'ordre social, c'est la négation du devoir.

Dans l'ordre physique, c'est la résistance aux lois inviolables de la nature.

La souffrance n'est pas un mal, c'est la conséquence et presque toujours le remède du mal.

Rien de ce qui est naturellement inévitable ne saurait être un mal. L'hiver, la nuit et la mort ne sont pas des maux. Ce sont des transitions naturelles d'un jour à un autre jour, d'un automne à un printemps, d'une vie à une autre vie.

Proud'hon a dit : Dieu c'est le mal; c'est comme si il avait dit : Dieu c'est le diable, car le diable est pris généralement pour le génie du mal. Retournons la proposition, elle nous donnera cette formule paradoxale : Le diable c'est Dieu, ou en d'autres termes : Le mal c'est Dieu. Mais certes, en parlant ainsi, le roi des logiciens que nous citons ne voulait pas, sous le nom de Dieu, désigner la personnification hypothétique du bien. Il songeait au dieu absurde que font les hommes et, en expliquant ainsi sa pensée, nous dirons qu'il avait raison, car le diable c'est la caricature de Dieu et ce que nous appelons le mal, c'est le bien mal défini et mal compris.

On ne saurait aimer le mal pour le mal, le

désordre pour le désordre. L'infraction des lois nous plait parce qu'elle semble nous mettre au-dessus des lois. Les hommes ne sont pas faits pour la loi, mais la loi est faite pour les hommes, disait Jésus, parole audacieuse que les prêtres de ce temps-là durent trouver subversive et impie, parole dont l'orgueil humain peut prodigieusement abuser. L'on nous dit que Dieu n'a que des droits et point de devoirs parce qu'il est le plus fort, et c'est cela qui est une parole impie. Nous devons tout à Dieu, ose-t-on ajouter, et Dieu ne nous doit rien. C'est le contraire qui est vrai. Dieu, qui est infiniment plus grand que nous, contracte en nous mettant au monde une dette infinie. C'est lui qui a creusé le gouffre de la faiblesse humaine, ce doit être à lui de le combler.

La lâcheté absurde de la tyrannie dans le vieux monde nous a légué le fantôme d'un dieu absurde et lâche, ce dieu qui fait un miracle éternel pour forcer l'être fini à être infini en souffrances.

Supposons un instant que l'un de nous a pu créer une éphémère et qu'il lui a dit sans qu'elle puisse l'entendre : Ma créature, adore-moi ! La pauvre bestiole a voltigé sans penser à rien, elle est morte à la fin de sa journée et un nécromancien dit à l'homme qu'en versant sur elle une goutte de son sang il pourra ressusciter l'éphémère.

L'homme se pique — j'en ferais autant à sa place ; — voilà l'éphémère ressuscitée. Que fera l'homme ? — Ce qu'il fera, je vais vous le dire, s'écrie un fanatique croyant. Comme l'éphémère dans sa première vie n'a pas eu l'esprit ou la bêtise de l'adorer, il allumera un brasier épouvantable et y jettera l'éphémère en regrettant seulement de ne pouvoir pas lui conserver miraculeusement la vie au milieu des flammes afin quelle brûle éternellement ! — Allons donc, dira tout le monde, il n'existe pas de fou furieux qui soit aussi lâche, aussi méchant que cela ! — Je vous demande pardon, chrétiens vulgaires, l'homme en question ne saurait exister, j'en conviens ; mais il existe, dans votre imagination seulement, hâtons-nous de le dire, quelqu'un de plus cruel et de plus lâche. C'est votre Dieu, tel que vous l'expliquez et c'est de celui-là que Proud'hon a eu mille fois raison de dire : Dieu c'est le mal.

En ce sens le mal serait l'affirmation mensongère d'un dieu mauvais et c'est ce dieu-là qui serait le diable ou son compère. Une religion qui apporterait pour baume aux plaies de l'humanité un pareil dogme, les empoisonnerait au lieu de les guérir. Il en résulterait l'abrutissement des esprits et la dépravation des consciences ; et la propagande faite au nom d'un pareil Dieu pourrait s'appeler le magnétisme du mal. Le résultat du mensonge c'est l'injustice. De l'injustice résulte l'iniquité qui produit l'anarchie dans les états, et dans les individus, le dérèglement et la mort.

Un mensonge ne saurait exister s'il n'évoquait dans la lumière morte une sorte de vérité spectrale, et tous les menteurs de la vie se trompent eux-mêmes les premiers en prenant la nuit pour le jour. L'anarchiste se croit libre, le voleur se croit habile, le libertin croit qu'il s'amuse, le despote pense qu'opprimer c'est régner. Que faudrait-il pour détruire le mal sur la terre ? Une chose bien simple en apparence : détromper les sots et les méchants. Mais ici toute bonne volonté se brise et toute puissance échoue ; les méchants et les sots ne veulent pas être détrompés. Nous arrivons à cette perversité secrète qui semble être la racine du mal, le goût du désordre et l'attachement à l'erreur. Nous prétendons pour notre part que cette perversité n'existe pas du moins comme librement consentie et voulue. Elle n'est autre chose que l'empoisonnement de la volonté par la force délétère de l'erreur.

L'air respirable se compose comme on sait d'hydrogène, d'oxygène et d'azote. L'oxygène et l'hydrogène correspondent à la lumière de vie et l'azote à la lumière morte. Un homme plongé dans l'azote ne saurait respirer ni vivre, de même un homme asphyxié par la lumière spectrale ne peut plus faire acte de volonté libre. Ce n'est point dans l'atmosphère que s'accomplit le grand phénomène de la lumière, c'est dans les yeux organisés pour la voir. Un jour, un philosophe de l'école positiviste, M. Littré, si je ne me trompe, disait que l'immensité n'est qu'une nuit infinie ponctuée çà et là de quelques étoiles. — Cela est vrai, lui répondit quelqu'un, pour nos yeux qui ne sont pas organisés pour la perception d'une autre clarté que la lumière du soleil. Mais l'idée même de cette lumière ne nous apparaît-elle pas en rêve tandis qu'il fait nuit sur la terre et que nos yeux sont fermés ? Quel est le jour des âmes ? Comment voit-on par la pensée ? La nuit de nos yeux existerait-elle pour des yeux autrement disposés ? Et si nos yeux n'existaient pas, aurions-nous conscience de la nuit ? Pour les aveugles il n'existe ni étoiles, ni soleil; et si nous mettons un bandeau sur nos yeux nous devenons aveugles volontaires. La perversité des sens comme celle des facultés de l'âme résulte d'un accident ou d'un premier attentat aux lois de la nature ; elle devient alors nécessaire et comme fatale. Que faire pour les aveugles ? — Les prendre par la main et les conduire. — Mais s'ils ne veulent pas se laisser conduire ?

— Il faut mettre des garde-fous. — Mais s'ils les renversent? — Alors ce ne sont plus seulement des aveugles, ce sont des aliénés dangereux et il faut bien les laisser périr si on ne peut pas les enfermer.

Edgar Allan Poë raconte la plaisante histoire d'une maison de fous où les malades avaient réussi à s'emparer des infirmiers et des gardiens et les avaient enfermés dans leurs propres cabanons après les avoir accoutrés en bêtes sauvages. Les voilà triomphants dans les appartements de leur médecin ; ils boivent le vin de l'établissement et se félicitent réciproquement d'avoir fait de très belles cures. Pendant qu'ils sont à table, les prisonniers brisent leurs chaînes et viennent les surprendre à grands coups de bâton. Ils sont devenus furieux contre les pauvres fous et les justifient en quelque sorte par des mauvais traitements insensés.

Voilà l'histoire des révolutions modernes. Les fous, triomphant par leur grand nombre, qui constitue ce qu'on nomme les majorités, emprisonnent les sages et les déguisent en bêtes fauves. Bientôt les prisons s'usent et se brisent, et les sages d'hier rendus fous par la souffrance s'échappent en hurlant et répandent la terreur. On voulait leur imposer un faux dieu, ils vocifèrent qu'il n'y a point de Dieu. Alors les indifférents devenus braves à force de peur se coalisent pour réprimer les fous furieux et inaugurent le règne des imbéciles. Nous avons déjà vu cela.

Jusqu'à quel point les hommes sont-ils responsables de ces oscillations et de ces angoisses qui produisent tant de crimes, quel penseur oserait le dire? On exècre Marat et l'on canonise Pie V.

Il est vrai que le terrible Ghisleri ne guillotinait pas ses adversaires, il les brûlait. Pie V était un homme austère et un catholique convaincu. Marat poussait le désintéressement jusqu'à la misère.

Tous deux étaient des honnêtes gens, mais c'étaient des fous homicides sans être précisément furieux.

Or, quand une folie criminelle rencontre la complicité d'un peuple, elle devient presque une raison terrible et quand la multitude, non désabusée, mais trompée d'une façon contraire, renie et abandonne son héros, le vaincu devient à la fois un bouc émissaire et un martyr. La mort de Robespierre est aussi belle que celle de Louis XVI.

J'admire sincèrement cet affreux inquisiteur qui, massacré par les Albigeois, écrit sur la terre avec son sang, avant d'expirer : *Credo in unum Deum* !

La guerre est-elle un mal ? Oui sans doute, car elle est horrible. Mais est-ce un mal absolu ? — La guerre, c'est le travail générateur des nationalités et des civilisations. Qui est responsable de la guerre ? Les hommes ? — Non, car ils en sont les victimes. Qui donc ? — Oserait-on dire que c'est Dieu ? Demandez au comte Joseph de Maistre. Il vous dira pourquoi les sacerdoces ont toujours consacré le glaive et comment il y a quelque chose de sacré dans l'office sanglant du bourreau. Le mal c'est l'ombre, c'est le repoussoir du bien. Allons jusqu'au bout et osons dire que c'est le bien négatif. Le mal c'est la résistance qui affermit l'effort du bien ; et c'est pour cela que Jésus-Christ ne craignait pas de dire : Il faut qu'il y ait des scandales !

Il y a des monstres dans la nature comme il y a des fautes d'impression dans un beau livre. Qu'est-ce que cela prouve ? Que la nature comme la presse sont des instruments aveugles que l'intelligence dirige ; mais, me direz-vous, un bon prote corrige les épreuves. Oui certes, et dans la nature c'est à cela que sert le progrès. Dieu, si l'on veut me passer cette comparaison, est le directeur de l'imprimerie et l'homme est le prote de Dieu.

Les prêtres ont toujours crié que les fléaux sont causés par les péchés des hommes, et cela est vrai puisque la science est donnée aux hommes pour prévoir et prévenir les fléaux. Si, comme on l'a prétendu, le choléra vient de la putréfaction des cadavres amoncelés à l'embouchure du Gange, si la famine vient des accaparements, si la peste est causée par la malpropreté, si la guerre est occasionnée si souvent par l'orgueil stupide des rois et la turbulence des peuples, n'est-ce pas vraiment la méchanceté, ou plutôt la bêtise des hommes qui est cause des fléaux? On dit que les idées sont dans l'air et l'on peut dire en vérité, que les vices y sont aussi. Toute corruption produit une putréfaction et toute putréfaction a sa puanteur spéciale. L'atmosphère qui environne les malades est morbide et la peste morale a aussi son atmosphère bien autrement contagieuse. Un honnête cœur se trouve à l'aise dans la société des gens de bien. Il est serré, il souffre, il étouffe au milieu des êtres vicieux.

CHAPITRE III

LA SOLIDARITÉ DANS LE MAL

Dans son livre du mouvement perpétuel des âmes, le Grand Rabbin Isaac de Loria dit qu'il faut employer avec une grande vigilance l'heure qui précède le sommeil. Pendant le sommeil en effet l'âme perd pour un temps sa vie individuelle pour se plonger dans la lumière universelle qui, comme nous l'avons dit, se manifeste par deux courants contraires. L'être qui s'endort s'abandonne aux étreintes du serpent d'Esculape, du serpent vital et régénérateur, ou se laisse lier par les nœuds empoisonnés du hideux Python. Le sommeil est un bain dans la lumière de la vie ou dans le phosphore de la mort. Celui qui s'endort avec des pensées de justice se baigne dans les mérites des justes, mais celui qui se livre au sommeil avec des pensées de haine ou de mensonge se baigne dans la mer morte où reflue l'infection des méchants.

La nuit est comme l'hiver qui couve et prépare les germes. Si nous avons semé de l'ivraie, nous ne récolterons pas du froment. Celui qui s'endort dans l'impiété ne se réveillera pas dans la bénédiction divine. On dit que la nuit porte conseil. Oui sans doute. Bon conseil au juste, funeste impulsion au méchant. Telles sont les doctrines de Rabbi Isaac de Loria.

Nous ne savons jusqu'à quel point on doit admettre cette influence réciproque des êtres plongés dans le sommeil et dirigée de telle sorte, par des attractions involontaires, que les bons améliorent les bons et que les méchants détériorent ceux qui leur sont semblables. Il serait plus consolant de penser que la douceur des justes rayonne sur les méchants pour les calmer et que le trouble des méchants ne peut rien sur l'âme des justes. Ce qui est certain c'est que les mauvaises pensées agitent le sommeil et le rendent par conséquent malsain, et qu'une bonne conscience dispose merveilleusement le sang à se rafraichîr et à se reposer dans le sommeil.

Il est très probable toutefois que le rayonnement magnétique déterminé pendant le jour par les habitudes et la volonté ne cesse pas pendant la nuit. Ce qui le prouve ce sont les rêves où il nous semble souvent que nous agissons suivant nos plus secrets désirs. Celui-là seul, dit Saint Augustin, a véritablement conquis la vertu de chasteté qui impose la modestie même à ses songes.

Tous les astres sont aimantés et tous les aimants célestes agissent et réagissent les uns sur les autres dans les systèmes planétaires, dans les groupes des univers et dans toute l'immensité ! Il en est de même des êtres vivants, sur la terre.

La nature et la force des aimants est déterminée par l'influence réciproque des formes sur la force et de la force sur les formes. Ceci a besoin d'être sérieusement examiné et médité.

La beauté qui est l'harmonie des formes est

toujours accompagnée d'une grande puissance d'attraction ; mais il est des beautés discutables et discutées.

Il est des beautés de convention conformes à certains goûts et à certaines passions. On eût trouvé à la cour de Louis XV que la Vénus de Milo avait une taille épaisse et de grands pieds. En Orient les sultanes favorites sont obèses et dans le royaume de Siam on achète les femmes au poids.

Les hommes n'en sont pas moins disposés à faire des folies pour la beauté vraie ou imaginaire qui les subjugue. Il est donc des formes qui nous enivrent et qui exercent sur notre raison l'empire des forces fatales. Quand nos goûts sont dépravés, nous nous éprenons de certaines beautés imaginaires qui sont réellement des laideurs. Les Romains de la décadence aimaient le front bas et les yeux batraciens de Messaline. Chacun se fait ici-bas un paradis à sa manière. Mais ici commence la justice. Le paradis des êtres dépravés est toujours et nécessairement un enfer.

Ce sont les dispositions de la volonté qui

font la valeur des actes. Car c'est la volonté qui détermine la fin qu'on se propose, et c'est toujours le but voulu et atteint qui fait la nature des œuvres. C'est selon nos œuvres que Dieu nous jugera, au dire de l'Evangile, et non selon nos actes. Les actes préparent, commencent, poursuivent et achèvent les œuvres. Ils sont bons lorsque l'œuvre est bonne. Si c'est le contraire, ils sont mauvais. Nous ne voulons pas dire ici que la fin justifie les moyens, mais qu'une fin honnête nécessite des moyens honnêtes et donne du mérite aux actes les plus indifférents de leur nature.

Ce que vous approuvez vous le faites, ou vous le faites faire en encourageant à le faire. Si votre principe est faux, si votre but est inique, tous ceux qui pensent comme vous, agissent comme vous agiriez à leur place; et lorsqu'ils réussissent, vous pensez qu'ils ont bien fait. Si vos actions semblent être d'un honnête homme tandis que votre but est celui d'un scélérat, vos actions deviennent mauvaises. Les prières de l'hypocrite sont plus impies que les blasphèmes du mécréant.

En deux mots, tout ce qu'on fait pour l'injustice est injuste; tout ce qu'on fait pour la justice est juste et bon.

Nous avons dit que les êtres humains sont des aimants qui agissent les uns sur les autres. Cette aimantation, naturelle d'abord, déterminée ensuite dans son mode par les habitudes de la volonté, groupe les êtres humains par phalanges et par séries, autrement peut-être que le supposait Fourier. Il est donc vrai de dire avec lui que les attractions sont proportionnelles aux destinées, mais il avait tort de ne pas distinguer entre les attractions fatales et les attractions factices. Il croyait aussi que les méchants sont les incompris de la société, tandis que ce sont eux au contraire qui ne comprennent pas la société et qui ne veulent pas la comprendre. Qu'eût-il fait dans son phalanstère de gens dont l'attraction, proportionnelle suivant lui à leur destinée, eût été de troubler et de démolir le phalanstère?

Dans notre livre intitulé : *La Science des Esprits*, nous avons donné la classification des bons et des mauvais esprits suivant les traditions kabbalistiques. Quelques lecteurs superficiels auront dit peut-être : Pourquoi ces noms plutôt que d'autres ? Quel esprit descendu du ciel, ou quelle âme remontée de l'abîme a pu révéler ainsi les secrets hiérarchiques de l'autre monde ? Tout ceci n'est que de la haute fantaisie et en disant cela ces lecteurs se seront trompés. Cette classification n'est pas arbitraire, et si nous supposons l'existence de tels ou tels esprits dans l'autre monde, c'est qu'ils existent très certainement dans celui-ci. L'anarchie, le préjugé, l'obscurantisme, le dol, l'iniquité, la haine, sont opposés à la sagesse, à l'autorité, à l'intelligence, à l'honneur, à la bonté et à la justice. Les noms hébreux de Kether, Chocmah, Binah, ceux de Thamiel, de Sathaniel, etc., opposés à ceux d'Hajoth, d'Haccadosch, d'Aralim et d'Ophanim ne signifient pas autre chose.

Il en est ainsi de tous les grands mots et de tous les termes obscurs des dogmes anciens et modernes ; en dernière analyse on y retrouve toujours les principes de l'éternelle et incorruptible raison. Il est évident, il est certain que les multitudes ne sont pas encore mûres pour le règne de la raison et que les plus fous ou les plus fourbes les égarent tour à tour par des croyances aveugles. Et folie pour folie, je trouve plus de véritable socialisme dans celle de Loyola que dans celle de Proud'hon.

Proud'hon affirme que l'athéisme est une croyance, la plus mauvaise de toutes, il est vrai, et c'est pour cela qu'il en fait la sienne. Il affirme que Dieu c'est le mal, que l'ordre social c'est l'anarchie, que la propriété c'est le vol! Quelle société est possible avec de tels principes? La société de Jésus est établie sur les principes contraires, ou sur les erreurs contraires peut-être, et depuis plusieurs siècles elle subsiste et elle est assez forte encore pour faire tête longtemps aux partisans de l'anarchie.

Elle n'est pas équilibrante, il est vrai, mais elle sait encore jeter dans la balance des poids plus lourds que ceux de notre ami Proud'hon.

Les hommes sont plus solidaires dans le mal qu'ils ne le supposent. Ce sont les Proudhon qui font les Veuillot. Les allumeurs des bûchers de Constance ont dû répondre devant Dieu des massacres de Jean Zisca. Les protestants sont responsables des massacres de la Saint-Barthélemy, puisqu'ils avaient égorgé des catholiques. C'est peut-être en réalité Marat qui a tué Robespierre, comme c'est Charlotte Corday qui a fait exécuter ses amis les Girondins. Madame Dubarry, traînée à la boucherie nationale comme une tête de bétail beuglante et rétive, ne s'imaginait sans doute pas qu'elle avait à expier le supplice de Louis XVI. Car souvent nos plus grands crimes sont ceux que nous ne comprenons pas. Lorsque Marat disait que c'est un devoir d'humanité de verser un peu de sang pour empêcher une effusion de sang plus grande, il empruntait cette maxime, devinez à qui? — Au doux et pieux Fénelon.

Dernièrement on a publié des lettres inédites de Madame Elisabeth, et, dans une de ces lettres, l'angélique princesse déclare que tout est perdu si le roi n'a pas le courage de faire tomber trois têtes. Lesquelles ? Elle ne le dit pas, peut-être celles de Philippe d'Orléans, de Lafayette et de Mirabeau ! un prince de sa famille, un honnête homme et un grand homme. Peu importe qui d'ailleurs, la douce princesse voulait trois têtes. Plus tard Marat en demandait trois cent mille ; entre l'ange et le démon il n'y avait qu'une différence de quelques zéros.

CHAPITRE IV

LA DOUBLE CHAINE

Le mouvement des serpents autour du Caducée indique la formation d'une chaîne.

Cette chaîne existe sous deux formes : la forme droite et la forme circulaire. Partant d'un même centre elle coupe d'innombrables circonférences par d'innombrables rayons. La chaîne droite c'est la chaîne de transmission. La chaîne circulaire c'est la chaîne de participation, de diffusion, de communion, de religion. Ainsi se forme cette roue composée de plusieurs roues tournant les unes dans les autres, que nous voyons flamboyer dans la vision d'Ezéchiel. La chaîne de transmission établit la solidarité entre les générations successives.

Le point central est blanc d'un côté et noir de l'autre.

Au côté noir se rattache le serpent noir; au côté blanc se rattache le serpent blanc. Le point central représente le libre arbitre primitif, et à son côté noir commence le péché originel.

Au côté noir commence le courant fatal, au côté blanc se rattache le mouvement libre. Le point central peut être représenté allégoriquement par la lune et les deux forces par deux femmes, l'une blanche et l'autre noire.

La femme noire c'est Eve déchue, c'est la forme passive, c'est l'infernale Hécate qui porte le croissant et la lune sur le front.

La femme blanche, c'est Maïa ou Maria qui tient à la fois sous son pied le croissant de la lune et la tête du serpent noir.

Nous ne pouvons nous expliquer plus clairement, car nous touchons au berceau de tous les dogmes. Ils redeviennent enfants à nos yeux, et nous craignons de les blesser.

Le dogme du péché originel, de quelque façon qu'on l'interprète, suppose la préexistence de nos âmes, sinon dans leur vie spéciale, du moins dans la vie universelle.

Or, si l'on peut pécher à son insu dans la vie universelle, on doit être sauvé de la même manière; mais ceci est un grand arcane.

La chaîne droite, le rayon de la roue, la chaîne de transmission rend les générations solidaires les unes des autres et fait que les pères sont punis dans les enfants, afin que par les souffrances des enfants, les pères puissent être sauvés.

C'est pour cela que, suivant la légende dogmatique, le Christ est descendu aux enfers d'où ayant arraché les leviers de fer et les portes d'airain, il est remonté vers le ciel entraînant après lui la captivité captive.

Et la vie universelle criait : Hosannah ! Car il avait brisé l'aiguillon de la mort !

Qu'est-ce-que tout cela veut dire ? Osera-t-on l'expliquer ? Pourra-t-on le deviner ou le comprendre ?

Les anciens hiérophantes grecs représentaient aussi les deux forces figurées par les deux serpents sous la forme de deux enfants qui luttaient l'un contre l'autre en prenant un globe de leurs pieds et de leurs genoux.

Ces deux enfants étaient Eros et Anteros, Cupidon et Hermès, le fol amour et l'amour sage. Et leur lutte éternelle faisait l'équilibre du monde.

Si l'on n'admet pas que nous ayons existé personnellement avant notre naissance sur la terre, il faut entendre par le péché originel une dépravation volontaire du magnétisme humain chez nos premiers parents, qui aurait rompu l'équilibre de la chaîne, en donnant une funeste prédominance au serpent noir, c'est-à-dire au courant astral de la vie morte et nous en souffrons les conséquences comme les enfants qui naissent rachitiques à cause des vices de leurs pères, portent la peine des fautes qu'ils n'ont pas personnellement commises.

Les souffrances extrêmes de Jésus et des martyrs, les pénitences excessives des saints auraient eu pour but de faire contre-poids à ce manque d'équilibre, assez irréparable d'ailleurs pour devoir entraîner finalement la conflagration du monde. La grâce serait le serpent blanc sous les formes de la colombe et de l'agneau, le courant astral de la vie chargé des mérites du rédempteur ou des saints.

Le diable ou tentateur serait le courant astral de la mort, le serpent noir taché de tous les crimes des hommes, écaillé de leurs mauvaises pensées, venimeux de tous leurs mauvais désirs, en un mot LE MAGNÉTISME DU MAL.

Or, entre le bien et le mal, le conflit est éternel. Ils sont à jamais inconciliables. Le mal est donc à jamais réprouvé, il est à jamais condamné aux tourments qui accompagnent le désordre, et cependant dès notre enfance il ne cesse de nous solliciter et de nous attirer à lui. Tout ce que la poésie dogmatique affirme du roi Satan s'explique parfaitement par cet effrayant magnétisme d'autant plus terrible qu'il est plus fatal, mais d'autant moins à craindre pour la vertu qu'il ne saurait l'atteindre, et qu'avec le secours de la grâce elle est sûre de lui résister.

CHAPITRE V

LES TÉNÈBRES EXTÉRIEURES

Nous avons dit que le phénomène de la lumière physique s'opère et s'accomplit uniquement dans les yeux qui la voient. C'est-à-dire que la visibilité n'existerait pas pour nous, sans la faculté de vision.

Il en est de même de la lumière intellectuelle, elle n'existe que pour les intelligences qui sont capables de la voir. C'est la lumière intérieure en dehors de laquelle il n'existe rien que les ténèbres extérieures où, suivant la parole du Christ, il y a et il y aura toujours des pleurs et des grincements de dents.

Les ennemis du vrai ressemblent à des enfants mutinés qui renverseraient et éteindraient tous les flambeaux pour mieux crier et pleurer dans les ténèbres.

Le vrai est tellement inséparable du bien que toute mauvaise action librement consentie et accomplie sans que la conscience proteste, éteint la lumière de notre âme et nous jette dans les ténèbres extérieures.

C'est là ce qui constitue l'essence du péché mortel. Le pécheur est figuré dans la fable antique par Œdipe qui, ayant tué son père et outragé sa mère, finit par se crever les yeux.

Le père de l'intelligence humaine, c'est le savoir et sa mère, c'est la croyance.

Il y avait deux arbres dans l'Eden, l'arbre de science et l'arbre de vie.

C'est le savoir qui doit et qui peut féconder la foi ; sans lui elle s'épuise en avortements monstrueux et ne produit que des fantômes.

C'est la foi qui doit être la récompense du savoir et le but de tous ses efforts ; sans elle il finit par douter de lui-même et tombe dans un découragement profond, qui tourne bientôt au désespoir.

Ainsi d'une part, les croyants qui méprisent la science et qui méconnaissent la nature, et de l'autre, les savants qui outragent, repoussent et veulent anéantir la foi, sont également les ennemis de la lumière et se précipitent à l'envi, les uns les autres, dans les ténèbres extérieures où Proud'hon et Veuillot font entendre tour à tour leur voix plus triste que des pleurs, et passent en grinçant des dents.

La vraie foi ne saurait être en contradiction avec la vraie science. Aussi, toute explication du dogme dont la science démontrerait la fausseté doit-elle être réprouvée par la foi.

Nous ne sommes plus au temps où l'on disait : je crois parce que c'est absurde. Nous devons dire maintenant : je crois parce qu'il serait absurde de ne pas croire ;

Credo quia absurdum non credere.

La science et la foi ne sont plus deux machines de guerre prêtes à s'entrechoquer, ce sont les deux colonnes destinées à soutenir le fronton du temple de la paix. Il faut nettoyer l'or du sanctuaire si souvent terni par la crasse sacerdotale.

Le Christ l'a dit : Les paroles du dogme sont esprit et vie et la matière n'y est pour rien. Il a dit aussi : Ne jugez point si vous craignez d'être jugés, car le jugement que vous aurez arrêté vous sera applicable et vous serez mesurés avec la mesure que vous aurez déterminée. Quel splendide éloge de la sagesse du doute ! et quelle proclamation de la liberté de conscience ! En effet une chose est évidente pour quiconque aime à écouter le bon sens, c'est que, s'il existait une loi rigoureuse, applicable à tous et sans l'observation de laquelle il fût impossible d'être sauvé, il faudrait que cette loi fût promulguée de manière à ce que personne ne pût douter de sa promulgation. En pareille matière, un doute possible c'est une négation formelle, et si un seul homme peut ignorer l'existence d'une loi, c'est que cette loi n'est point divine.

Il n'y a point deux manières d'être honnête homme. La religion serait-elle moins importante que la probité ? Non sans doute, et c'est pour cela qu'il n'y a jamais eu qu'une religion dans le monde. Les dissidences ne sont qu'apparentes. Mais ce qu'il y a toujours eu d'irréligieux et d'horrible, c'est le fanatisme des ignorants, qui se damnent les uns les autres.

La religion véritable, c'est la religion universelle, et c'est pour cela que celle qui s'appelle catholique porte seule le nom qui indique la vérité. Cette religion, d'ailleurs, possède et conserve l'orthodoxie du dogme, la hiérarchie des pouvoirs, l'efficacité du culte et la magie véritable des cérémonies. C'est donc la religion typique et normale, la religion mère à qui appartiennent de droit les traditions de Moyse et les antiques oracles d'Hermès. En soutenant cela malgré le pape s'il le faut, nous serons au besoin plus catholique que le pape et plus protestant que Luther.

La vraie religion, c'est surtout la lumière intérieure, et les formes religieuses se multiplient souvent et s'éclairent du phosphore spectral dans les ténèbres extérieures ; mais il faut respecter la forme même chez les âmes qui ne comprennent pas l'esprit. La science ne peut pas et ne doit pas user de représailles envers l'ignorance.

Le fanatisme ne sait pas pourquoi la foi a

raison, et la raison, tout en reconnaissant que la religion est nécessaire, sait parfaitement en quoi et pourquoi la superstition a tort.

Toute la religion chrétienne et catholique est basée sur le dogme de la grâce, c'est-à-dire de la gratuité. Vous avez reçu gratuitement, donnez gratuitement, dit S. Paul. La religion est essentiellement une institution de bienfaisance. L'Eglise est une maison de secours pour les déshérités de la philosophie. On peut se passer d'elle, mais il ne faut pas l'attaquer. Les pauvres qui se dispensent de recourir à l'assistance publique n'ont pas pour cela le droit de la décrier. L'homme qui vit honnêtement sans religion se prive lui-même d'un grand secours, mais il ne fait point de tort à Dieu. Les dons gratuits ne se remplacent point par des châtiments lorsqu'on les refuse, et Dieu n'est point un usurier qui fasse payer aux hommes les intérêts de ce qu'ils n'ont pas emprunté. Les hommes ont besoin de la religion, mais la religion n'a pas besoin des hommes. Ceux qui ne reconnaissent pas la loi, dit S. Paul, seront jugés en dehors de la loi. Or, il ne parle pas ici de la loi naturelle, mais bien de la loi religieuse, ou, pour parler plus exactement, des prescriptions sacerdotales.

En dehors de ces vérités si douces et si pures, il n'y a que les ténèbres extérieures où pleurent ceux que la religion mal comprise ne saurait consoler, et où les sectaires qui prennent la haine pour l'amour grincent des dents les uns contre les autres.

Sainte Thérèse eut un jour une vision formidable. Il lui semblait qu'elle était en enfer et qu'elle était murée entre des murailles vivantes qui se resserraient toujours sans pouvoir jamais l'étouffer. Ces murailles étaient faites avec des murailles palpables et nous ont fait songer à cette parole menaçante du Christ : « Les ténèbres extérieures. » Représentons-nous une âme qui, par haine de la lumière, s'est rendue aveugle comme Œdipe ; elle a résisté à tous les attraits de la vie et partout la vie la repousse ainsi que la lumière. La voilà lancée hors de l'attraction des mondes et de la clarté des soleils. Elle est seule dans l'immensité noire à jamais réelle pour elle seule et pour les aveugles volontaires qui lui ressemblent. Elle est immobile dans l'ombre et souffre un étouffement éternel dans la nuit. Il lui semble que tout est anéanti excepté sa souffrance capable de remplir l'infini. O douleur ! avoir pu comprendre et s'être obstiné dans l'idiotisme d'une foi insensée ! Avoir pu aimer et avoir atrophié son cœur ! Oh ! une heure seulement ou du moins une minute, rien qu'une minute des joies les plus imparfaites et des plus fugitives amours ! Un peu d'air ! Un peu de soleil ! ou rien qu'un clair de lune et une pelouse pour danser ! Une goutte de vie ou moins qu'une goutte, une larme ! Et l'éternité implacable lui répond : Que parles-tu de larmes, tu ne peux même plus pleurer ! Les pleurs sont la rosée de la vie et le suintement de la sève d'amour; tu t'es exilée dans l'égoïsme et tu t'es murée dans la mort !

Ah! vous avez voulu être plus saints que Dieu! Ah! vous avez craché au nez de Madame votre mère, la chaste et divine nature ! Ah ! vous avez maudit la science, l'intelligence et le progrès! Ah! vous avez cru que pour vivre éternellement il faut ressembler à un cadavre et se dessécher comme une momie! Vous voilà tels que vous vous êtes faits, jouissez en paix de l'éternité que vous avez choisie! Mais non, pauvres gens, ceux que vous appeliez pécheurs et maudits, iront vous sauver. Nous agrandirons la lumière, nous irons percer votre mur, nous vous arracherons à votre inertie. Un essaim d'amours, ou si vous voulez, une légion d'anges (ils sont faits de la même manière) vous entortillera et vous entraînera avec des guirlandes de fleurs, et vous vous débattrez en vain comme le Méphistophélès du beau drame philosophique de Gœthe. Malgré vous, vos disciplines et vos visages pâles, vous revivrez, vous aimerez, vous saurez, vous verrez et, sur les débris du dernier cloître, vous viendrez danser avec nous la ronde infernale de Faust!

Heureux, du temps de Jésus, ceux qui pleuraient! Heureux, maintenant, ceux qui savent rire, *pour ce que rire est le propre de l'homme*, comme l'a dit le grand prophète Rabelais, le

Messie de la Renaissance. Le rire c'est l'indulgence, le rire c'est la philosophie. Le ciel s'apaise quand il rit, et le grand Arcane de la toute puissance divine n'est rien qu'un sourire éternel !

CHAPITRE VI

LE GRAND SECRET

Sagesse, moralité, vertus : mots respectables, mais vagues sur lesquels on dispute depuis des siècles sans être parvenu à s'entendre !

Je veux être sage, mais serai-je bien sûr de ma sagesse tant que je pourrai croire que les fous sont plus heureux ou même plus joyeux que moi ?

Il faut avoir des mœurs, mais nous sommes tous un peu comme les enfants ; les moralités nous endorment. C'est qu'on nous fait de sottes moralités qui ne conviennent pas à notre nature. On nous parle de ce qui ne nous regarde pas et nous pensons à autre chose.

La vertu est une grande chose : son nom veut dire force, puissance. Le monde subsiste par la vertu de Dieu. Mais en quoi consiste pour nous la vertu ? Est-ce une vertu de jeûner pour s'affaiblir la tête et s'émacier le visage ? Appellerons-nous vertu la simplicité de l'honnête homme qui se laisse dépouiller par des fripons ? Est-ce une vertu de s'abstenir dans la crainte d'abuser ? Que penserions-nous d'un homme qui ne marcherait pas de peur de se casser la jambe ? La vertu en toutes choses est l'opposé de la nullité, de la torpeur et de l'impuissance.

La vertu suppose l'action ; car si l'on oppose ordinairement la vertu aux passions, c'est pour faire entendre qu'elle seule n'est jamais passive.

La vertu n'est pas seulement la force, mais la raison directrice de la force. C'est le pouvoir équilibrant de la vie.

Le grand secret de la vertu, de la virtualité et de la vie, soit temporelle, soit éternelle, peut se formuler :

L'art de balancer les forces pour équilibrer le mouvement.

L'équilibre qu'il faut chercher n'est pas celui

qui produit l'immobilité, mais celui qui régularise le mouvement. Car l'immobilité c'est la mort, et le mouvement c'est la vie.

Cet équilibre moteur c'est celui de la nature elle-même. La nature en équilibrant les forces fatales produit le mal physique ou même la destruction apparente pour l'homme mal équilibré. L'homme s'affranchit des maux de la nature en sachant se soustraire par un usage intelligent de sa liberté à la fatalité des forces. Nous employons ici le mot fatalité parce que les forces imprévues et incomprises par l'homme mal équilibré lui semblent nécessairement fatales.

La nature a pourvu à la conservation des animaux doués d'instinct, mais elle a tout disposé pour que l'homme imprévoyant périsse.

Les animaux vivent pour ainsi dire d'eux-mêmes et sans efforts. L'homme seul doit apprendre à vivre. Or, la science de la vie c'est la science de l'équilibre moral.

Concilier le savoir et la religion, la raison et le sentiment, l'énergie et la douceur, voilà le fond de cet équilibre.

La vraie force invincible c'est la force sans violence. Les hommes violents sont des hommes faibles et imprévoyants dont les efforts se retournent toujours contre eux-mêmes.

L'affection violente ressemble à la haine et presque à l'aversion.

La colère violente fait qu'on se livre à ses ennemis aveuglément. Les héros d'Homère, lorsqu'ils s'attaquent, ont soin de s'insulter pour tâcher de se mettre réciproquement en fureur, sachant bien que, suivant toutes probabilités, le plus furieux des deux sera vaincu.

Le bouillant Achille était prédestiné à périr malheureusement. Il est le plus fier et le plus vaillant des Grecs et ne cause à ses concitoyens que des désastres.

Celui qui fait prendre Troie c'est le prudent et patient Ulysse, qui se ménage toujours et ne frappe jamais qu'à coup sûr. Achille c'est la passion et Ulysse c'est la vertu ; et c'est suivant cette donnée qu'il faut comprendre la haute portée philosophique et morale des poèmes d'Homère.

L'auteur de ces poèmes était sans doute un initié de premier ordre, et le grand arcane de la Haute Magie pratique est tout entier dans l'Odyssée.

Le grand arcane de la magie, l'arcane unique et incommunicable a, pour objet de mettre en quelque sorte la puissance divine au service de la volonté de l'homme.

Pour arriver à la réalisation de cet arcane il faut SAVOIR ce qu'on doit faire, VOULOIR ce qu'il faut, OSER ce qu'on doit et se TAIRE avec discernement.

L'Ulysse d'Homère a contre lui les dieux, les éléments, les cyclopes, les sirènes, Circé, etc. C'est-à-dire toutes les difficultés et tous les dangers de la vie.

Son palais est envahi, sa femme est obsédée, ses biens sont au pillage, sa mort est résolue, ses compagnons il les perd, ses vaisseaux sont submergés ; il reste enfin seul et en lutte contre la nuit et contre la mer. Et seul, il fléchit les dieux, il échappe à la mer, il aveugle le cyclope, il trompe les sirènes, il dompte Circé, il reprend son palais, il délivre sa femme, il tue ceux qui voulaient sa mort parce qu'il *voulait* revoir Ithaque et Pénélope, parce qu'il *savait* toujours se tirer du danger, parce qu'il *osait* à propos et parce qu'il se *taisait* toujours lorsqu'il n'était pas expédient de parler.

Mais, diraient avec désappointement les amateurs de contes bleus, ceci n'est point de la magie. N'existe-t-il pas des talismans, des herbes, des racines qui font opérer des prodiges ? N'est-il pas des formules mystérieuses qui ouvrent les portes fermées et font apparaître les esprits ? Parlez-nous de cela et remettons à une autre fois vos commentaires sur l'Odyssée.

Vous savez, enfants, car c'est à des enfants sans doute que j'ai à répondre, vous savez, si vous avez lu mes précédents ouvrages, que je reconnais l'efficacité relative des formules, des herbes et des talismans. Mais ce sont là des petits moyens qui se rattachent aux petits mystères. Je vous parle maintenant des grandes forces morales et non des instruments matériels. Les formules appartiennent aux rites de l'initiation, les talismans sont des auxiliaires magnétiques, les racines et les herbes sont du ressort de la médecine occulte et Homère lui-même ne les dédaigne pas. Le Moly, le Lothos et le Népenthés tiennent leur place dans ces poèmes, mais ce sont là des ornements très-accessoires. La coupe de Circé ne peut rien sur Ulysse qui en connaît les effets funestes et qui sait se dispenser d'y boire. L'initié à la haute science des mages n'a rien à craindre des sorciers.

Les personnes qui ont recours à la magie cérémonielle et qui viennent consulter les devins ressemblent à celles qui, en multipliant les pratiques de dévotion, veulent ou espèrent suppléer à la religion véritable. Jamais vous ne les renverrez contentes en leur donnant de sages conseils.

Toutes vous cachent un secret qui est bien facile à deviner et qui est celui-ci : j'ai une passion que la raison condamne et que je préfère à la raison ; c'est pourquoi je viens consulter l'oracle de la déraison, afin qu'elle me dise d'espérer, qu'elle m'aide à tromper ma conscience, et qu'elle rende la paix à mon cœur.

Elles viennent ainsi boire à une source trompeuse qui, loin d'apaiser leur soif, les altère toujours davantage. Le charlatan débite des oracles obscurs, on y trouve ce qu'on veut y trouver et l'on revient chercher des éclaircissements. On revient le lendemain, le surlendemain, on revient toujours et c'est ainsi que les tireuses de cartes font fortune.

Les gnostiques basilidiens disaient que Sophie, la sagesse naturelle de l'homme, devenue amoureuse d'elle-même, comme le Narcisse de la fable, détourna ses regards de son principe et s'élança hors de ce cercle tracé par la lumière divine qu'ils appelaient le plérôme. Seule alors dans les ténèbres, elle fit des sacrilèges pour enfanter la lumière. Et comme l'hémoroësse de l'évangile, elle perdait son sang qui se transformait en monstres horribles. La plus dangereuse de toutes les folies c'est la sagesse corrompue.

Les cœurs corrompus empoisonnent toute la nature. Pour eux la splendeur des beaux jours n'est qu'un éblouissant ennui et toutes les joies de la vie, mortes pour ces âmes mortes, se dressent devant eux pour les maudire, en leur disant comme les spectres de Richard III : « désespère et meure. » Les beaux enthousiasmes les font sourire et ils jettent à l'amour et à la beauté, comme pour se venger, les dédains insolents de Sténio et de Rollon. Il ne faut pas laisser tomber ses bras en accusant la fatalité, il faut lutter contre elle et la vaincre. Ceux qui succombent dans ce combat sont ceux qui n'ont pas su ou qui n'ont pas voulu triompher. Ne pas savoir, c'est une excuse, mais ce n'est pas une justification, puisqu'on peut apprendre. « Père, pardonnez-leur, car ils ne savent ce qu'ils font », disait le Christ expirant. S'il était permis de ne pas savoir, la prière du Sauveur eût manqué de justesse et le père n'aurait eu rien à pardonner.

Lorsqu'on ne sait pas, il faut vouloir apprendre. Tant qu'on ne sait pas il est téméraire d'oser, mais il est toujours bon de se taire.

CHAPITRE VII

LE POUVOIR QUI CRÉE ET QUI TRANSFORME

La volonté est essentiellement réalisatrice, nous pouvons tout ce que nous croyons raisonnablement pouvoir.

Dans sa sphère d'action l'homme dispose de la toute puissance de Dieu ; il peut créer et transformer.

Cette puissance, il doit d'abord l'exercer sur lui-même. Lorsqu'il vient au monde, ses facultés sont un chaos, les ténèbres de l'intelligence couvrent l'abîme de son cœur, et son esprit est balancé sur l'incertitude comme s'il était porté sur les ondes.

La raison alors lui est donnée, mais cette raison est passive encore, c'est à lui de la rendre active ; c'est à lui de faire rayonner son front au milieu des ondes et de crier : que la lumière soit !

Il se fait une raison, il se fait une conscience ; il se fait un cœur. La loi divine sera pour lui telle qu'il l'aura faite, et la nature entière deviendra pour lui ce qu'il voudra.

L'éternité entrera et tiendra dans son souvenir. Il dira à l'esprit : sois matière, et à la matière : sois esprit, et l'esprit et la matière lui obéiront !

Toute substance se modifie par l'action, toute action est dirigée par l'esprit, tout esprit se dirige suivant une volonté et toute volonté est déterminée par une raison.

La réalité des choses est dans leur raison d'être. Cette raison des choses est le principe de ce qui est.

Tout n'est que force et matière, disent les athées.

C'est comme si l'on affirmait que les livres ne sont que du papier et de l'encre.

La matière est l'auxiliaire de l'esprit, sans l'esprit elle n'aurait pas de raison d'être et elle ne serait pas.

La matière se transforme en esprit par l'intermédiaire de nos sens, et cette transformation sensible, seulement pour nos âmes, est ce qu'on nomme le plaisir.

Le plaisir est le sentiment d'une action divine. Se nourrir, c'est créer la vie et transformer, de la manière la plus merveilleuse, les substances mortes en substances vivantes.

Pourquoi la nature entraîne-t-elle les sexes l'un vers l'autre avec tant de ravissement et tant d'ivresse? C'est qu'elle les convie au grand œuvre par excellence, à l'œuvre de l'éternelle fécondité.

Que parle-t-on des joies de la chair? La chair n'a ni tristesses ni joies : elle est un instrument passif. Nos nerfs sont les cordes du violon avec lequel la nature nous fait entendre et sentir la musique de la volupté, et toutes les joies de la vie, même les plus troublées, sont le partage exclusif de l'âme.

Qu'est-ce que la beauté, sinon l'empreinte de l'esprit sur la matière? Le corps de la Vénus de Milo a-t-il besoin d'être de chair pour enchanter nos yeux et exalter notre pensée? La beauté de la femme, c'est l'hymne de la maternité; la forme douce et délicate de son sein nous rappelle sans cesse la première soif de nos lèvres; nous voudrions pouvoir lui rendre en éternels baisers, ce qu'il nous a donné en suaves effusions. Est-ce alors de la chair que nous sommes amoureux? Dépouillés de leur adorable poésie, que nous inspireraient ces tampons élastiques et glanduleux recouverts d'une peau tantôt brune, tantôt blanche et rose? Et que deviendraient nos plus charmantes émotions si la main de l'amant, cessant de trembler, devait s'armer de la loupe du physicien ou du scalpel de l'anatomiste?

Dans une fable ingénieuse, Apulée raconte qu'un expérimentateur maladroit ayant séduit la servante d'une magicienne, qui lui procure une pommade préparée par sa maîtresse, essaie de se changer en oiseau et n'arrive qu'à se métamorphoser en âne. On lui dit que pour reprendre sa première forme, il lui suffira de manger des roses, et il croit d'abord la chose bien facile. Mais il s'aperçoit bientôt que les roses ne sont pas faites pour les ânes. Dès qu'il veut s'approcher d'un rosier on le repousse à coups de bâton, il souffre mille maux et ne peut être enfin délivré que par l'intervention directe de la divinité.

On a soupçonné Apulée d'avoir été chrétien, et on a cru voir, dans cette légende de l'âne, une critique voilée des mystères du Christianisme. Jaloux de s'envoler au ciel, les chrétiens auraient méconnu la science et seraient tombés sous le joug de cette foi aveugle qui les faisait accuser, pendant les premiers siècles, d'adorer la tête d'un âne.

Esclaves d'une austérité fatale, ils ne pouvaient plus s'approcher de ces beautés naturelles qui sont figurées par les roses. Le plaisir, la beauté, la nature même et la vie étaient voués à l'anathème par ces rudes et ignorants conducteurs qui chassaient devant eux le pauvre âne de Bethléem. C'est alors que le moyen âge rêva le roman de la rose. C'est alors que les initiés aux science de l'antiquité, jaloux de reconquérir la rose sans abjurer la croix, en réunirent les images et prirent le nom de Rose-Croix, afin que la rose fût encore la croix et que la croix à son tour pût immortaliser la rose.

Il n'existe de vrai plaisir, de vraie beauté, de véritable amour que pour les sages qui sont vraiment les créateurs de leur propre félicité. Ils s'abstiennent pour apprendre à bien user, et s'ils se privent c'est pour acheter un bonheur.

Quelle misère est plus déplorable que celle de l'âme et combien sont à plaindre ceux qui ont appauvri leur cœur ! Comparez la pauvreté d'Homère à la richesse de Trimalcyon, et dites-nous lequel des deux est le misérable ? Qu'est-ce que des biens qui nous pervertissent et que nous ne possédons jamais puisqu'il faut toujours les perdre ou les laisser à d'autres ? A quoi servent-ils s'ils ne sont pas entre nos mains les instruments de la sagesse ? A augmenter les besoins de la vie animale, à nous abrutir dans la satiété et le dégoût. Est-ce là le but de l'existence ? Est-ce le positif de la vie ? N'en est-ce pas au contraire l'idéal le plus faux et le plus dépravé ? User son âme pour engraisser son corps, ce serait déjà une bien grande folie; mais tuer à la fois son âme et son corps pour laisser un jour une grande fortune à un jeune idiot qui la jettera à pleines mains dans le giron banal de la première courtisane venue, n'est-ce pas le comble de la démence? Et voilà pourtant ce que font des hommes sérieux qui traitent les philosophes et les poètes de rêveurs.

Ce que je trouve désirable, disait Curius, ce n'est point d'avoir des richesses, c'est de commander à ceux qui en ont, et Saint Vincent de Paul, sans songer peut-être à la maxime de Curius, en a révélé toute la grandeur au profit de la bienfaisance. Quel souverain eût jamais pu fonder tant d'hospices, doter tant d'asiles? Quel Rotschild eût trouvé assez de millions pour cela? Le pauvre prêtre Vincent de Paul a voulu, il a parlé et les richesses ont obéi.

C'est qu'il possédait la puissance qui crée et qui transforme, une volonté persévérante et sage appuyée sur les lois les plus sacrées de la nature. Apprenez à vouloir ce que Dieu veut, et tout ce que vous voudrez, certainement s'accomplira.

Sachez aussi que les contraires se réalisent par les contraires : la cupidité est toujours pauvre, le désintéressement est toujours riche.

L'orgueil provoque le mépris, la modestie attire la louange, le libertinage tue le plaisir, la tempérance épure et renouvelle les jouissances. Vous obtiendrez toujours, et à coup sûr, le contraire de ce que vous voulez injustement, et vous retrouverez toujours le centuple de ce que vous sacrifierez pour la justice. Si donc vous voulez récolter à gauche, semez à droite; et méditez sur ce conseil qui a l'apparence d'un paradoxe et qui vous fait entrevoir un des plus grands secrets de la philosophie occulte.

Voulez-vous attirer, faites le vide. Ceci s'accomplit en vertu d'une loi physique analogue à une loi morale. Les courants impétueux cherchent les profondeurs immenses. Les eaux sont filles des nuages et des montagnes et cherchent toujours les vallées. Les vraies jouissances viennent d'en haut, nous l'avons déjà dit : c'est le désir qui les attire, et le désir est un abîme.

Le rien attire le tout et c'est pour cela que les êtres les plus indignes d'amour, sont quelquefois les plus aimés. La plénitude cherche le vide et le vide suce la plénitude. Les animaux et les nourrices le savent bien.

Pindare n'eut jamais aimé Sapho, et Sapho devait se résigner à tous les dédains de Phaon. Un homme et une femme de génie sont frère et sœur ; leur accouplement serait un inceste et l'homme qui est seulement un homme n'aimera jamais une femme à barbe.

Rousseau semblait avoir pressenti cela lorsqu'il épousait une servante, une virago stupide et cupide. Mais il ne put jamais faire comprendre à Thérèse sa supériorité intellectuelle, et il lui était évidemment inférieur dans les grossièretés de l'existence. Dans le ménage Thérèse était l'homme et Rousseau la femme. Rousseau était trop fier pour accepter une semblable position. Il protesta contre le ménage en mettant aux enfants trouvés les enfants de Thérèse. Il mit ainsi la nature entre elle et lui, et s'exposa à toutes les vengeances de la mère.

Hommes de génie ne faites point d'enfants ; vos seuls enfants légitimes sont vos livres et ne vous mariez jamais ; votre épouse à vous c'est la gloire ! Gardez votre virilité pour elle ; et quand même vous trouveriez une Héloïse ne vous exposez pas pour une femme à la destinée d'Abailard !

CHAPITRE VIII

LES ÉMANATIONS ASTRALES
ET LES PROJECTIONS MAGNÉTIQUES

Un Univers, c'est un groupe de globes aimantés qui s'attirent et se repoussent les uns les autres. Les êtres produits par les différents globes participent à leur aimantation spéciale balancée par l'aimantation universelle.

Les hommes mal équilibrés sont des aimants déréglés ou excessifs, que la nature balance les uns par les autres jusqu'à ce que le défaut partiel d'équilibre ait produit la destruction.

L'analyse spectrale de Bumsen conduira la science à distinguer la spécialité des aimants et à donner ainsi une raison scientifique des intuitions anciennes de l'astrologie judiciaire. Les diverses planètes du système exercent certainement une action magnétique sur notre globe et sur les diverses organisations des êtres vivants qui l'habitent.

Nous buvons tous les arômes du ciel mêlés à l'esprit de la terre et nés sous l'influence de diverses étoiles, nous avons tous une préférence pour une force caractérisée par une forme, pour un génie et pour une couleur.

La Pythonisse de Delphes, assise sur un trépied au-dessus d'une crevasse de la terre aspirait le fluide astral par les parties sexuelles, tombait en démence ou en somnambulisme et proférait des paroles incohérentes qui étaient parfois des oracles. Toutes les natures nerveuses livrées aux désordres des passions ressemblent à la Pythonisse et aspirent le Python, c'est-à-dire l'esprit mauvais et fatal de la terre, puis elles projettent avec force le fluide qui les a pénétrées, aspirent ensuite avec une force égale le fluide vital des autres êtres pour l'absorber, exerçant ainsi tour à tour, la puissance mauvaise du *Jettatore* et du vampire.

Si les malades atteints de cet *aspir* et de ce

respir délétères les prennent pour une puissance et veulent en augmenter l'ascension et la projection, ils manifestent leurs désirs par des cérémonies qui s'appellent évocations, envoûtement, et deviennent ce qu'on appelait autrefois des nécromants et des sorciers.

Tout appel à une intelligence inconnue et étrangère, dont l'existence ne nous est pas démontrée et qui a pour but de substituer sa direction à celle de notre raison et de notre libre arbitre, peut être considéré comme un suicide intellectuel, car c'est un appel à la folie.

Tout ce qui abandonne une volonté à des forces mystérieuses, tout ce qui fait parler en nous d'autres voix que celles de la conscience et de la raison, appartient à l'aliénation mentale.

Les fous sont des visionnaires statiques. Une vision lorsqu'on est éveillé est un accès de folie. L'art des évocations c'est l'art de se procurer une folie factice dont on provoque les accès.

Toute vision est de la nature du rêve. C'est

une fiction de notre démence. C'est un nuage de nos imaginations déréglées projeté dans la lumière astrale ; c'est nous-mêmes qui nous apparaissons à nous-mêmes déguisés en fantômes, en cadavres ou en démons.

Les fous, dans le cercle de leur attraction et de leur projection magnétique, semblent faire extravaguer la nature : les meubles craquent et se déplacent, les corps légers sont attirés ou lancés à distance. Les aliénistes le savent bien, mais ils craignent d'en convenir, parce que la science officielle n'a pas encore admis que les êtres humains soient des aimants et que ces aimants puissent être déréglés et faussés. L'abbé Vianney, curé d'Ars, se croyait sans cesse turlupiné par le démon ; et Berbiguier de Terre-neuve-du-Thym se munissait de longues épingles pour enfiler les farfadets.

Or, le point d'appui existe dans la résistance que leur oppose le progrès indiscipliné. Dans la démocratie ce qui rend impossible l'organisation d'une armée c'est que chaque soldat veut être général. Il n'y a qu'un général chez les Jésuites.

L'obéissance est la gymnastique de la liberté et pour arriver à faire toujours ce qu'on veut, il faut apprendre à faire souvent ce qu'on ne voudrait pas faire. Ce qui nous plaît c'est être au service de la fantaisie, faire ce que nous devons vouloir, c'est exercer et faire triompher à la fois la raison et la volonté.

Les contraires s'affirment et se confirment par les contraires. Regarder à gauche lorsqu'on veut aller à droite c'est de la dissimulation et de la prudence, mais jeter des poids dans le plateau de gauche d'une balance lorsqu'on veut faire monter le plateau de droite c'est connaître les lois de la dynamique et de l'équilibre.

En dynamique c'est la résistance qui détermine la quantité de la force, mais il n'est point de résistance qui ne soit vaincue par la persistance de l'effort et du mouvement, c'est ainsi que la souris ronge le câble et que la goutte d'eau perce le rocher.

L'effort renouvelé tous les jours augmente et conserve la force, l'action en fût-elle appliquée d'ailleurs à une chose indifférente en elle-même ou bien déraisonnable et ridicule. C'est une occupation peu sérieuse en apparence que de rouler entre ses doigts les graines d'un rosaire en répétant deux ou trois cents fois : je vous salue Marie. Eh bien ! qu'une religieuse se couche sans avoir dit son chapelet, elle se réveillera le lendemain désespérée, n'aura pas le courage de faire la prière du matin et sera distraite pendant l'office. Aussi leurs directeurs leur répètent-ils sans cesse et avec raison de ne pas négliger les petites choses.

Les grimoires et les rituels magiques sont pleins de prescriptions minutieuses et en apparence ridicules :

Manger pendant dix ou vingt jours des aliments sans sel, dormir appuyé sur le coude, sacrifier un coq noir à minuit dans un carrefour au milieu d'une forêt, aller dans un cimetière prendre une poignée de terre sur la fosse récente d'un mort etc., etc., puis se couvrir de certains vêtements bizarres et prononcer de longues et fastidieuses conjurations. Les auteurs de ces livres voulaient-ils se moquer de leurs lecteurs? Leur révélaient-ils des secrets véritables? Non, ils ne se moquaient pas, et leurs enseignements étaient sérieux. Ils avaient pour but d'exalter l'imagination de leurs adeptes et de leur donner conscience d'une force supplémentaire qui existe dès qu'on y croit et qui s'augmente toujours par la persévérance des efforts. Seulement, il peut arriver que par la loi de réaction des contraires, on évoque le diable en s'obstinant à prier Dieu, et qu'après des conjurations sataniques, on entende pleurer les anges. Tout l'enfer dansait aux sonnettes, quand Saint Antoine disait ses psaumes, et le paradis semblait renaître devant les enchantements du grand Albert ou de Merlin.

C'est que les cérémonies en elles-mêmes sont peu de chose, et que tout dépend de l'*aspir* et du *respir*. Les formules consacrées par un long usage, nous mettent en communication avec les vivants et les morts, et notre volonté qui entre ainsi dans les grands courants peut s'armer de toutes leurs effluves. Une servante qui pratique, peut, à un moment donné, disposer de la toute puissance même temporelle de l'Eglise soutenue par les armes de la France, comme il a bien paru lors du baptême et de l'enlèvement du juif Mortara. Toute la civilisation de l'Europe, au xixe siècle, a protesté contre cet acte, et l'a subi parce qu'une servante dévote l'avait voulu. Mais la terre envoyait pour auxiliaire à cette fille les émanations spectrales des siècles de Saint Dominique et de Torquemada; Saint Ghisleri priait pour elle. L'ombre du grand roi révocateur de l'édit de Nantes, lui faisait un signe d'approbation, et le monde clérical tout entier était prêt à la soutenir.

Jeanne d'Arc, qui fut brûlée comme sorcière, avait, en effet, attiré en elle, l'esprit de la France héroïque, et le répandait d'une manière merveilleuse en électrisant notre armée, et en faisant fuir les Anglais. Un pape l'a réhabilitée ; c'est trop peu, il fallait la canoniser. Si cette thaumaturge n'était pas une sorcière, c'était évidemment une sainte. Qu'est-ce qu'un sorcier après tout? C'est un thaumaturge que le pape n'approuve pas.

Les miracles sont, si l'on veut me passer cette expression, les extravagances de la nature produites par l'exaltation de l'homme. Ils se produisent toujours en vertu des mêmes lois. Tout personnage d'une célébrité populaire ferait des miracles, en fait parfois sans le vouloir. Du temps où la France adorait ses rois, les rois de France guérissaient les écrouelles, et de nos jours la grande popularité de ces soldats pittoresques et barbares qu'on nomme les zouaves, a développé chez un zouave nommé Jacob, la faculté de guérir par la voix et par le regard. On dit que ce zouave a quitté son corps pour passer aux grenadiers, et nous regardons comme certain que le grenadier Jacob n'aura plus la puissance qui appartenait exclusivement au zouave.

Du temps des druides, il y avait dans les Gaules, des femmes thaumaturges qu'on appelait les Elfes et les Fées. Pour les druides c'étaient des saintes, pour les Chrétiens, ce sont des sorcières. Joseph Balsamo, que ses disciples appelaient le divin Cagliostro, fut condamné à Rome, comme hérétique et sorcier, pour avoir fait des prédictions et des miracles sans l'autorisation de l'ordinaire. Or, en cela les inquisiteurs avaient raison, puisque l'Eglise romaine seule possède le monopole de la Haute Magie et des cérémonies efficaces. Avec de l'eau et du sel, elle charme les démons, avec du pain et du vin, elle évoque Dieu et le force à se rendre visible et palpable sur la terre ; avec de l'huile, elle donne la santé et le pardon.

Elle fait plus encore, elle crée des prêtres et des rois.

Elle seule comprend et fait comprendre pourquoi les rois du triple royaume magique, les trois mages, guidés par l'étoile flamboyante, sont venus pour offrir à Jésus-Christ dans son berceau, l'or qui fascine les yeux, et fait la conquête des cœurs, l'encens qui porte l'ascétisme au cerveau, et la myrrhe qui conserve les cadavres et rend palpable en quelque sorte, le dogme de l'immortalité en faisant voir l'inviolabilité et l'incorruption dans la mort.

CHAPITRE IX

LE SACRIFICE MAGIQUE

Parlons d'abord, en général, du sacrifice.

Qu'est-ce que le sacrifice ? Le sacrifice, c'est la réalisation du dévouement.

C'est la substitution de l'innocent au coupable, dans l'œuvre volontaire de l'expiation.

C'est la compensation par la généreuse injustice du juste qui subit la peine de la lâche injustice du rebelle qui a usurpé le plaisir.

C'est la tempérance du sage qui fait contre-poids dans la vie universelle, aux orgies des insensés.

Voilà ce que le sacrifice est en réalité, voilà surtout ce qu'il doit être.

Dans l'ancien monde, le sacrifice était rarement volontaire. L'homme coupable dévouait alors au supplice ce qu'il regardait comme sa conquête ou sa propriété.

Or la magie noire est la continuation occulte des rites proscrits de l'ancien monde. L'immolation est le fond des mystères de la nigromantie et les envoûtements sont des sacrifices magiques où le magnétisme du mal se substitue au bûcher et au couteau. En religion c'est la foi qui sauve ; en magie noire c'est la foi qui tue !

Nous avons déjà fait comprendre que la magie noire est la religion de la mort.

Mourir à la place d'un autre, voilà le sacrifice sublime. Tuer un autre pour ne pas mourir, voilà le sacrifice impie. Consentir au meurtre d'un innocent afin de nous assurer l'impunité de nos erreurs ce serait la dernière et la plus impardonnable des lâchetés, si l'offrande de la victime n'était pas volontaire et si cette victime n'avait pas le droit de s'offrir comme supérieure à nous et absolument maîtresse d'elle-même. C'est ainsi que pour le rachat des hommes on en a senti la nécessité.

Nous parlons ici d'une croyance consacrée par plusieurs siècles d'adoration et par la foi de plusieurs millions d'hommes, et comme nous avons dit que le verbe collectif et persévérant crée ce qu'il affirme nous pouvons dire que cela est ainsi.

Or le sacrifice de la croix se renouvelle et se perpétue dans celui de l'autel. Et là peut-être il est plus effrayant encore pour le croyant. Le Dieu victime s'y trouve en effet sans avoir même la forme de l'homme ; Il est muet et passif, livré à qui veut le prendre, sans résistance devant celui qui ose l'outrager. C'est une hostie blanche et fragile. Il vient à l'appel d'un mauvais prêtre et ne protestera pas si on veut le mêler aux rites les plus impurs. Avant le Christianisme, les Stryges mangeaient la chair des petits enfants égorgés ; maintenant elles se contente des saintes hosties.

On ignore quelle puissance surhumaine de méchanceté puisent les mauvaises dévotes dans l'abus des sacrements. Rien n'est venimeux comme un pamphlétaire qui communie.

Il a le vin mauvais, dit-on d'un ivrogne qui bat sa femme quand il est ivre : J'ai entendu dire un jour d'un prétendu catholique qu'il avait le *bon Dieu mauvais*. Il semble que dans la bouche de certains communiants une seconde transubstantiation s'opère. C'est Dieu qu'on a déposé sur leur langue, mais c'est le diable qu'ils ont avalé.

Une hostie catholique est quelque chose de vraiment formidable. Elle contient tout le ciel et tout l'enfer, car elle est aimantée du magnétisme des siècles et des multitudes, magnétisme du bien lorsqu'on s'en approche avec la vraie foi, magnétisme concentré du mal lorsqu'on en fait un indigne usage. Aussi rien n'est aussi recherché et n'est regardé comme aussi puissant pour la confection des maléfices que les hosties consacrées par les prêtres légitimes, mais détournées de leur pieuse destination par quelque larcin sacrilège.

Nous tombons ici au fond des horreurs de la magie noire, et personne ne suppose qu'en les dénonçant nous voulions en encourager les abominables pratiques.

Gilles de Laval, seigneur de Raiz, dans une chapelle secrète de son château de Machecoul, faisait célébrer la messe noire par un jacobin apostat. A l'élévation on égorgeait un petit enfant et le maréchal communiait avec un fragment de l'hostie trempée dans le sang de la victime.

L'auteur du grimoire d'Honorius dit que l'opérateur des œuvres de la magie noire doit être prêtre. Les meilleures cérémonies, selon lui, pour évoquer le diable, sont celles du culte catholique, et en effet, de l'aveu même du père Ventura, le diable est né des œuvres de ce culte. Dans une lettre adressée à M. Gougenot Desmousseaux et publiée par ce dernier en tête d'un de ses principaux ouvrages, le savant théatin ne craint pas d'affirmer que le diable est le fou de la religion catholique (telle du moins que l'entendait le père Ventura). Voici ses propres expressions.

« Satan, a dit Voltaire, c'est le Christianisme;
« pas de Satan, pas de Christianisme. »

« On peut donc dire que le chef-d'œuvre
« de Satan c'est d'être parvenu à se faire nier. »

« Démontrer l'existence de Satan c'est réta-
« blir un des dogmes fondamentaux qui
« servent de base au Christianisme et sans le-
« quel il n'est qu'un mot. »

(Lettre du père Ventura au chevalier Gougenot Desmousseaux en tête du livre *La Magie au XIX° siècle.*)

Ainsi, après que Proud'hon n'a pas craint de dire : Dieu c'est le mal, un prêtre, qui passe pour instruit, complète la pensée de l'athée en disant : le Christianisme c'est Satan. Et il dit cela avec candeur croyant défendre la religion qu'il calomnie d'une si épouvantable manière, tant la simonie et les intérêts matériels ont plongé certains membres du clergé dans le Christianisme noir, celui de Gilles de Laval et du grimoire d'Honorius. C'est pourtant ce même père qui disait au Pape : Pour une motte de terre, ne compromettons pas le royaume du ciel. Le père Ventura était personnellement un honnête homme et chez lui le vrai chrétien l'emportait parfois sur le moine et sur le prêtre.

Concentrer sur un point convenu et rattacher à un signe toutes les aspirations vers le bien, c'est avoir assez de foi pour réaliser Dieu dans ce signe. Tel est le miracle permanent qui s'accomplit tous les jours sur les autels du vrai Christianisme.

Le même signe, profané et consacré au mal, doit réaliser le mal de la même manière, et si le juste après la communion peut dire : Ce n'est plus moi qui vis, c'est Jésus-Christ qui vit en moi, ou en d'autres termes : je ne suis plus moi, je suis Jésus-Christ, je suis Dieu ; même le communiant indigne peut dire avec non moins de certitude et de vérité : je ne suis plus moi, je suis Satan.

Créer Satan et se faire Satan, tel est le grand arcane de la magie noire, et c'est ce que les sorciers complices du seigneur de Raiz croyaient accomplir pour lui et accomplissaient, en effet, jusqu'à un certain point, en disant la messe du diable.

L'homme se fût-il jamais exposé à créer le diable, s'il n'avait jamais eu la témérité de vouloir créer Dieu en lui donnant un corps ? N'avons-nous pas dit qu'un Dieu corporel projette nécessairement une ombre et que cette ombre c'est Satan ? Oui, nous l'avons dit, nous ne dirons jamais le contraire. Mais si le corps de Dieu est fictif, son ombre ne saurait être réelle.

Le corps divin n'est qu'une apparence, un voile, un nuage : Jésus l'a réalisé par la foi. Adorons la lumière et ne donnons pas de réalité à l'ombre puisque ce n'est pas elle qui est l'objet de notre foi ! La nature a voulu et elle veut toujours qu'il y ait une religion sur la terre. La religion germe, fleurit et se développe dans l'homme, elle est le fruit de ses aspirations et de ses désirs; elle doit être réglée par la souveraine raison. Mais les aspirations de l'homme vers l'infini, ses désirs du bien éternel et sa raison surtout, viennent de Dieu !

CHAPITRE X

LES ÉVOCATIONS

La raison seule donne le droit à la liberté. La liberté et la raison, ces deux grands et essentiels privilèges de l'homme sont si étroitement unis, qu'on ne peut abjurer l'une sans renoncer à l'exercice de l'autre. La liberté veut le triomphe de la raison et la raison exige impérieusement le règne de la liberté. La raison et la liberté sont pour l'homme plus que la vie. Il est beau de mourir pour la liberté, il est sublime d'être le martyr de la raison, parce que la raison et la liberté sont l'essence même de l'immortalité de l'âme.

Dieu même est la raison libre de tout ce qui existe.

Le diable, au contraire, c'est la déraison fatale.

Abjurer sa raison ou sa liberté, c'est renier Dieu. Faire appel à la déraison ou à la fatalité, c'est évoquer le diable. Nous avons dit que le diable existe et qu'il est mille fois plus horrible et plus impitoyable qu'on ne le représente dans les légendes même les plus noires. Pour nous et pour la raison ce ne saurait être le bel ange déchu de Milton, ni le fulgurant Lucifer, traînant dans la nuit son auréole d'étoile touchée de la foudre. Ces fables titaniennes sont impies. Le vrai diable est bien celui des sculptures de nos cathédrales et des peintres naïfs de nos livres gothiques. Sa forme essentiellement hybride est la synthèse de tous les cauchemars ; il est hideux, difforme et grotesque. Il est enchaîné et il enchaîne. Il a des yeux partout, excepté à la tête ; il a des visages au ventre, aux genoux et à la partie postérieure de son corps immonde. Il est partout où peut s'introduire la folie, et partout il traîne après lui les tourments de l'enfer.

Par lui-même il ne parle pas, mais il fait parler tous nos vices; il est le ventriloque des gloutons, le Python des femmes perdues. Sa voix est tantôt impétueuse comme le tourbillon, tantôt insinuante comme un sifflement léger. Pour parler à nos cerveaux troublés, il insinue sa langue fourchue dans nos oreilles et pour délier nos cœurs il vibre sa queue comme une flèche. Dans notre tête, il tue la raison, dans notre cœur il empoisonne la liberté et il fait cela toujours, nécessairement sans relache et sans pitié, car ce n'est pas une personne, c'est une force aveugle ; il est maudit, mais avec nous ; il pèche, mais en nous. Nous seuls sommes responsables du mal qu'il nous fait faire, car lui, il n'a ni liberté ni raison.

Le diable c'est la bête. Saint Jean le répète à satiété dans sa merveilleuse apocalypse ; mais comment comprendre l'apocalypse, si l'on n'a pas les clés de la sainte Kabbale ?

Une évocation c'est donc un appel à la bête et la bête seule peut y répondre. Ajoutons que pour faire apparaître la bête, il faut la former en soi, puis la projeter au dehors. Ce secret est celui de tous les grimoires, mais il n'a été dit par les anciens maîtres que d'une manière très voilée.

Pour voir le diable il faut se grimer en diable, puis se regarder dans un miroir, voilà l'arcane dans sa simplicité et tel qu'on pourrait le dire à un enfant. Ajoutons pour les hommes, que dans le mystère des sorciers, la grimace diabolique s'imprime à l'âme par le médiateur astral, et que le miroir ce sont les ténèbres animées par le vertige.

Toute évocation sera vaine si le sorcier ne commence par damner son âme en sacrifiant pour jamais sa liberté et sa raison. On doit facilement le comprendre. Pour créer en nous la bête il faut tuer l'homme, et c'est ce qui était représenté par le sacrifice préalable d'un enfant et mieux encore par la profanation d'une hostie. L'homme qui se décide à une évocation est un misérable que la raison gêne et qui veut agrandir en soi-même l'appétit bestial afin d'y créer un foyer magnétique doué d'une influence fatale. Il veut devenir lui-même déraison et fatalité; il veut être un aimant déréglé et mauvais afin d'attirer à lui les vices et l'or qui les alimente. C'est le plus épouvantable crime que l'imagination puisse rêver. C'est le viol de la nature. C'est l'outrage direct et absolu jeté à la divinité ; mais aussi et heureusement c'est une œuvre épouvantablement difficile, et la plupart de ceux qui l'ont tentée ont échoué dans son accomplissement. Si un homme assez fort et assez pervers évoquait le diable dans les conditions voulues, le diable serait réalisé. Dieu serait tenu en échec et la nature épouvantée subirait le despotisme du mal.

On dit qu'un homme entreprit autrefois cette œuvre monstrueuse et qu'il devint pape. On dit aussi qu'au lit de mort il se confessa d'avoir enveloppé toute l'Eglise des réseaux de la magie noire. Ce qui est certain, c'est que ce pape était savant comme *Faust*, et qu'on le dit l'auteur de plusieurs inventions merveilleuses. Nous avons parlé de lui déjà dans un de nos ouvrages. Mais ce qui, d'après la légende même prouverait qu'il n'évoqua jamais le diable, c'est-à-dire qu'il ne fut pas le diable, c'est qu'il se repentit. Le diable ne se repent jamais.

Ce qui fait que la plupart des hommes sont

médiocres c'est qu'ils sont toujours incomplets. Les honnêtes gens font parfois le mal et les scélérats s'échappent parfois et s'oublient jusqu'à vouloir et faire quelque bien. Or, les péchés contre Dieu affaiblissent en l'homme la force de Dieu, et les péchés contre le diable, je veux parler des bons désirs et des bonnes actions, énervent la force du diable. Pour exercer soit en haut, soit en bas, soit à droite, soit à gauche, une puissance exceptionnelle il faut être un homme complet.

La crainte et le remord chez les criminels sont deux choses qui viennent du bien, et c'est par là qu'ils se trahissent. Pour réussir dans le mal, il faut être absolument méchant. Aussi assure-t-on que Mandrin confessait ses brigands et leur imposait pour pénitence quelque meurtre d'enfant ou de femme, lorsqu'ils s'accusaient à lui d'avoir ressenti quelque pitié. Néron avait du bon, il était artiste et ce fut ce qui le perdit. Il se retira et se tua par dépit de musicien dédaigné. S'il n'eût été qu'empereur, il eût brûlé Rome une seconde fois plutôt que de céder la place au Sénat et à

Vindex, le peuple se fût déclaré pour lui ; il eût fait tomber une pluie d'or et les prétoriens l'eussent encore une fois acclamé. Le suicide de Néron fut une coquetterie d'artiste.

Réussir à se faire Satan serait un triomphe incomplet pour la perversité de l'homme, s'il n'arrivait en même temps à se rendre immortel. Prométhée, a beau souffrir sur son rocher, il sait qu'un jour sa chaîne sera brisée et qu'il détrônera Jupiter ; mais pour être Prométhée il faut avoir ravi le feu du ciel et nous n'en sommes encore qu'au feu de l'enfer !

Non, le rêve de Satan n'est pas celui de Prométhée. Si un ange rebelle avait jamais pu ravir le feu du ciel, c'est-à-dire le secret divin de la vie, il se serait fait Dieu. Mais l'homme seul est assez insensé et assez borné pour croire à la solution possible d'un théorème de cette espèce. Faire que ce qui est, soit en même temps et ne soit pas, que l'ombre soit la lumière, que la mort soit la vie, que le mensonge soit la vérité et que le néant soit tout. Aussi le fou furieux qui voudrait réaliser l'absolu dans le mal arriverait-il enfin, comme l'alchimiste imprudent, à une explosion formidable qui l'ensevelirait sous les ruines de son laboratoire insensé.

Une mort instantanée et foudroyante a été le résultat des évocations infernales, et il faut convenir qu'elle n'était que trop méritée. On ne va pas impunément jusqu'aux limites extrêmes de la démence. Il est certains excès que la nature ne supporte pas. Si l'on a vu parfois mourir des somnambules réveillés en sursaut, si l'ivresse à un certain degré produit la mort.... Mais, dira-t-on, à quoi bon ces menaces retrospectives ? Qui donc dans notre siècle songe à faire des évocations avec les rites du grimoire ? A cette question nous n'avons rien à répondre. Car si nous disions ce que nous savons, peut-être ne nous croirait-on pas.

On évoque d'ailleurs le magnétisme du mal autrement que par les rites de l'ancien monde. Nous avons dit, dans notre précédent chapitre, qu'une messe profanée par des intentions criminelles devient un outrage fait à Dieu et un attentat de l'homme contre sa propre conscience. Les oracles demandés soit au vertige d'un halluciné, soit au mouvement convulsif des choses inertes magnétisées au hasard, sont aussi des évocations infernales, car ce sont des actes qui tendent à subordonner à la fatalité la liberté et la raison. Il est vrai que les opérateurs de ces œuvres de magie noire sont presque toujours innocents par ignorance. Ils font, il est vrai, appel à la bête, mais ce n'est pas la bête féroce qu'ils veulent asservir à leur convoitise. Ils demandent seulement quelques conseils à la bête stupide pour servir d'auxiliaires à leur propre stupidité.

Dans la magie de lumière, la science des évocations est l'art de magnétiser les courants de la lumière astrale et de les diriger à volonté. Cette science était celle de Zoroastre et du roi Salomon, si l'on en croit les traditions anciennes, mais pour faire ce qu'ont fait Zoroastre et Salomon, il faut avoir la sagesse de Salomon et la science de Zoroastre.

Pour diriger et dominer le magnétisme du bien il faut être le meilleur des hommes. Pour activer et précipiter le tourbillon du mal il faut être le plus méchant. Les sincères catholiques ne doutent pas que les prières d'une pauvre recluse puissent changer le cœur des rois et balancer les destinées des empires. Nous sommes loin de dédaigner cette croyance nous qui admettons la vie collective, les courants magnétiques et la toute puissance relative de la volonté.

Avant les récentes découvertes de la science, les phénomènes de l'électricité et du magnétisme étaient attribués à des esprits répandus dans l'air et l'adepte qui parvenait à influencer les courants magnétiques croyait commander aux esprits. Mais les courants magnétiques étant des forces fatales, pour les diriger et les équilibrer, il faut être soi-même un centre parfait d'équilibre, et c'est ce qui manquait à la plupart de ces téméraires exorcistes.

Aussi étaient-ils foudroyés souvent par le fluide impondérable qu'ils soutiraient avec violence sans pouvoir le neutraliser. Aussi reconnaissaient-ils que pour régner absolument sur les esprits, il leur manquait une chose indispensable ; l'Anneau de Salomon.

Mais l'anneau de Salomon, dit la légende, est encore au doigt de ce monarque et son corps est enfermé dans une pierre qui ne se brisera qu'au jour du jugement dernier.

Cette légende est vraie comme presque toutes les légendes; seulement il faut la comprendre.

Que représente un anneau ! — Un anneau, c'est le bout d'une chaîne et c'est un cercle auquel peuvent se rattacher d'autres cercles.

Les chefs du sacerdoce ont toujours porté des anneaux en signe de domination sur le cercle et sur la chaîne des croyants.

De nos jours encore on donne aux prélats l'investiture par l'anneau et dans la cérémonie du mariage, l'époux donne à l'épouse un anneau bénit et consacré par l'église afin de la créer maîtresse et directrice des intérêts de sa maison et du cercle de ses serviteurs.

L'anneau pontifical et l'anneau nuptial hiérarchiquement consacrés et conférés, représentent donc et réalisent une puissance.

Mais autre est la puissance publique et

social, et autre la puissance philosophique, sympathique et occulte.

Salomon passe pour avoir été le souverain pontife de la religion des sages, et pour avoir possédé à ce titre la souveraine puissance du sacerdoce occulte, car il possédait, dit-on, la science universelle, et en lui seul se réalisait cette promesse du grand serpent : Vous serez comme des dieux connaissant le bien et le mal.

On dit que Salomon écrivit l'Ecclésiaste, le plus fort de tous ses ouvrages, après avoir adoré Astarté et Chamos, les divinités des femmes impies. Il aurait ainsi complété sa science et retrouva avant de mourir, la vertu magique de son anneau. L'emporta-t-il vraiment avec lui dans la tombe ? Une autre légende nous permet d'en douter. On dit que la reine de Saba ayant observé attentivement cet anneau en fit faire secrètement un tout pareil, et que, pendant le sommeil du roi elle se trouva près de lui et put opérer furtivement l'échange des anneaux. Elle avait emporté chez les Sabéens le véritable anneau de Salomon, et cet anneau plus tard aurait été retrouvé par Zoroastre.

C'était un anneau constellé, composé des sept grands métaux, et portant la signature des sept génies, avec une pierre d'aimant incarnat où étaient gravés d'un côté la figure du sceau ordinaire de Salomon

et de l'autre son sceau magique.

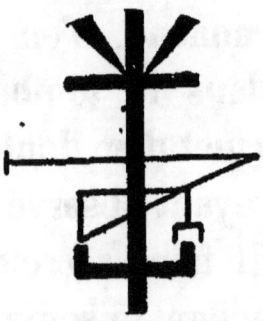

Les lecteurs de nos ouvrages comprendront cette allégorie.

CHAPITRE XI

LES ARCANES
DE L'ANNEAU DE SALOMON

Cherchez dans le tombeau de Salomon c'est-à-dire dans les cryptes de la philosophie occulte non pas son anneau, mais sa science.

A l'aide de la science et d'une persévérante volonté, vous arrivez à posséder le suprême arcane de la sagesse qui est la domination libre sur le mouvement équilibré. Vous pouvez alors vous procurer l'anneau en le faisant fabriquer par un orfèvre, auquel vous n'aurez pas besoin de recommander le secret. Car ne sachant pas lui-même ce qu'il fait, il ne pourra le révéler aux autres.

Voici la recette de l'Anneau :

Prenez et incorporez ensemble une petite quantité d'or et le double d'argent aux heures du soleil et de la lune, joignez-y trois quantités, semblables à la première, de cuivre bien purifié, quatre quantités d'étain, cinq de fer, six de mercure et sept de plomb. Incorporez le tout ensemble aux heures qui correspondent aux métaux et faites du tout un anneau dont la partie circulaire soit applatie et un peu large pour y graver les caractères.

Mettez à cet anneau un chatin de forme carrée contenant une pierre d'aimant rouge enchâssée dans un double anneau d'or.

Gravez sur la pierre, dessus et dessous, le double sceau de Salomon.

Gravez sur l'anneau les signes occultes des sept planètes tels qu'ils sont représentés dans les archidoxes magiques de Paracelse ou dans la philosophie occulte d'Agrippa, magnétisez fortement l'anneau en le consacrant tous les jours pendant une semaine avec les cérémonies marquées dans notre rituel, sans négliger ni la couleur des vêtements, ni les parfums spéciaux, ni la présence des animaux sympathiques, ni les conjurations spéciales que devra toujours précéder la conjuration des quatre, marquée dans notre rituel.

LES ARCANES DE L'ANNEAU DE SALOMON 111

Vous enveloppez ensuite l'anneau dans un drap de soie et après l'avoir parfumé, vous pouvez le porter sur vous.

Une pièce ronde de métal ou un talisman préparé de la même manière aurait autant de vertu que l'anneau.

Une chose ainsi préparée est comme un réservoir de la volonté. C'est un réflecteur magnétique qui peut être très utile, mais qui n'est jamais nécessaire.

Nous avons dit d'ailleurs que les anciens rites ont perdu leur efficacité depuis que le Christianisme a paru dans le monde.

La religion chrétienne et catholique en effet est la fille légitime de Jésus, roi des mages. Son culte n'est autre chose que la haute magie soumise aux lois de la hiérarchie qui lui sont indispensables pour qu'elle soit raisonnable et efficace.

Un simple scapulaire porté par une personne vraiment chrétienne, est un talisman plus invincible que l'anneau et le pantacle de Salomon.

Jésus-Christ, cet homme Dieu, si humble,

le disait en parlant de lui-même : La reine de Saba est venue du fond de l'Orient pour voir et entendre Salomon, et il y a ici plus que Salomon.

La messe est la plus prodigieuse des évocations.

Les nécromanciens évoquent les morts, le sorcier évoque le diable et il tremble, mais le prêtre catholique ne tremble pas en évoquant le Dieu vivant !

Qu'est-ce que tous les talismans de la science antique auprès de l'hostie consacrée ?

Laissez dormir dans sa tombe de pierre le squelette de Salomon et l'anneau qu'il pouvait avoir à son doigt décharné. Jésus-Christ est ressuscité, il est vivant. Prenez un de ces anneaux d'argent qu'on vend à la porte des églises et qui portent l'image du crucifié avec les dix grains du rosaire. Si vous êtes digne de le porter, il sera plus efficace dans votre main que ne serait le véritable anneau de Salomon.

Les rites magiques et les pratiques minutieuses du culte sont tout, pour les ignares et les superstitieux, et nous rappellent malgré nous une historiette très connue, que nous allons rappeler eu peu de mots parce que sa place est ici.

Deux moines entrent dans une chaumière que l'on avait laissée à la garde de deux enfants. Ils demandent à se reposer et à diner si cela est possible. Les enfants répondent qu'ils n'ont rien et qu'il ne peuvent rien donner. Eh bien, dit l'un des moines, voici du feu; prêtez-nous seulement une marmite et un peu d'eau nous ferons nous-mêmes notre potage. — Avec quoi? — Avec ce caillou, dit le malin religieux en allant ramasser un fragment de silex. Ignorez-vous donc mes enfants que les disciples de saint François ont le secret de la soupe au caillou?

— La soupe au caillou? Quelle merveille pour les enfants! On leur promet qu'ils en gouteront et la trouveront excellente. Vite on prépare la marmite, on y verse de l'eau, on attise le feu et le caillou est déposé dans l'eau avec précaution. Très-bien, disent les moines. Maintenant un peu de sel et quelques légumes ; tenez il y en a là dans votre jardin. Ne pourrait-on y joindre un peu de lard fumé ? La soupe n'en sera que meilleure. Les enfants accroupis devant l'âtre regardent avec ébahissement. La marmite bout. Allons, taillez du pain et approchez cette terrine. Hein quel fumet ! couvrez et laissez tremper. Quant au caillou enveloppez-le avec soin, nous vous le laissons pour votre peine, il ne s'use jamais et peut servir toujours. Maintenant, goutez la soupe ! Eh bien, qu'en dites vous ? — Oh, elle est excellente ! disent les petits paysans en battant des mains. C'était, en effet, une bonne soupe aux choux et au lard que les enfants n'auraient jamais su offrir à leurs hotes sans la merveille du caillou.

Les rites magiques et les pratiques religieuses sont un peu le caillou des moines. Ils servent de prétexte et d'occasion à la pratique des vertus qui seules sont indispensables à la vie morale de l'homme. Sans le caillou les bons moines n'eussent pas diné ; le caillou avait donc véritablement une puissance ? — Oui, dans l'imagination des enfants mise en jeu par l'habileté des bons pères.

Ceci soit dit sans blâmer et sans offenser personne. Les moines eurent de l'esprit et ne furent pas menteurs. Ils aidèrent les enfants à faire une bonne action, et les émerveillèrent, leur firent partager un bon potage, et sur ce, nous conseillons à ceux qui ont faim et pour qui la soupe aux choux est quelque chose de trop difficile à faire, ou peut-être de trop simple, de faire la soupe au caillou.

Qu'on nous comprenne bien ici. Nous ne voulons pas dire que les signes et les rites soient une grande mystification. Il en serait ainsi si les hommes n'en avaient pas besoin. Mais il faut tenir compte de ce fait incontestable que toutes les intelligences ne sont pas égales. On a toujours conté des fables aux enfants et on leur en contera tant qu'il y aura des nourrices et des mères. Les enfants ont la foi et c'est ce qui les sauve. Figurez-vous un bambin de sept ans qui disait : je ne veux rien admettre de ce que je ne comprends pas. Que pourrait-on apprendre à ce petit monstre ? — Admets d'abord la chose sur la parole de tes maîtres, mon bonhomme, puis, étudie, et si tu n'es pas un idiot, tu comprendras.

Il faut des fables aux enfants, il faut des fables et et des cérémonies au peuple ; il faut des auxiliaires à la faiblesse de l'homme. Heureux celui qui possédait l'anneau de Salomon, mais plus heureux celui qui égalerait ou même qui surpasserait Salomon en science et en sagesse sans avoir besoin de son anneau !

CHAPITRE XII

LE SECRET TERRIBLE

Il est des vérités qui doivent être à jamais mystérieuses pour les faibles d'esprit et pour les sots. Et ces vérités on peut sans crainte les leur dire. Car certainement il ne les comprendront jamais.

Qu'est-ce qu'un sot? — C'est quelque chose de plus absurde qu'une bête. C'est l'homme qui veut être arrivé avant d'avoir marché. C'est l'homme qui se croit maître de tout parce qu'il est arrivé à quelque chose. C'est un mathématicien qui dédaigne la poésie. C'est un poète qui proteste contre les mathématiques. C'est un peintre qui dit que la théologie et la kabbale sont des inepties parce qu'il ne comprend rien à la kabbale et à la théologie. C'est l'ignorant qui nie la science sans se donner la peine de l'étudier. C'est l'homme qui parle sans savoir et qui affirme sans certitude. Ce sont les sots qui tuent les hommes de génie. Galilée a été condamné, non par l'Eglise, mais par des sots qui malheureusement appartenaient à l'Eglise. La sottise est une bête féroce qui a le calme de l'innocence ; elle assassine sans remords. Le sot est l'ours de la fable de Lafontaine ; il écrase la tête de son ami sous un pavé pour chasser une mouche : mais en face de la catastrophe ne cherchez pas à lui faire avouer qu'il a eu tort. La sottise est inexorable et infaillible comme l'enfer et la fatalité, car elle est toujours dirigée par le magnétisme du mal.

La bête n'est jamais sotte tant qu'elle agit franchement et naturellement en bête ; mais l'homme apprend la sottise aux chiens et aux ânes savants. Le sot, c'est la bête qui dédaigne l'instinct et qui pose pour l'intelligence.

Le progrès existe pour la bête : on peut la dompter, l'apprivoiser, l'exercer ; mais il n'existe pas pour le sot. Car le sot croit n'avoir rien à apprendre. C'est lui qui veut régenter et redresser les autres et jamais vous n'aurez raison avec lui. Il vous rit au nez en disant que ce qu'il ne comprend pas est radicalement incompréhensible. Pourquoi ne comprendrais-je pas en effet ? Vous dit-il avec un aplomb admirable ? Et vous n'avez rien à lui répondre. Lui dire qu'il est un sot serait tout simplement une insulte. Tout le monde le voit bien, mais lui ne le saura jamais.

Voici donc déjà un formidable arcane inaccessible à la majorité des hommes. Voilà un secret qu'ils ne devineront jamais et qu'il serait inutile de leur dire : Le secret de leur propre sottise.

Socrate boit la ciguë, Aristide est proscrit, Jésus est crucifié, Aristophane rit de Socrate et fait rire les sots d'Athènes, un paysan s'ennuie d'entendre donner à Aristide le nom de Juste et Renan écrit la vie de Jésus pour le plus grand plaisir des sots. C'est à cause du nombre presque infini des sots que la politique est et sera toujours la science de la dissimulation et du mensonge. Machiavel a osé le dire et a été frappé d'une réprobation bien légitime, car en feignant de donner des leçons aux princes, il les trahissait tous et les dénonçait à la défiance des multitudes. Ceux qu'on est forcé de tromper il ne faut pas les prévenir.

C'est à cause des viles et des sottes multitudes que Jésus disait à ses disciples : Ne jetez point des perles devant les pourceaux, car ils les fouleraient aux pieds et se tourneraient contre vous en cherchant à vous déchirer.

Vous donc qui désirez devenir puissants en œuvres, ne dites jamais à personne, votre plus secrète pensée. Ne la dites pas même, et j'oserais presque dire cachez-là surtout à la femme que vous aimez ; rappelez-vous l'histoire de Samson et de Dalila !

Dès qu'une femme croit connaître à fond son mari, elle cesse de l'aimer. Elle veut le gouverner et le conduire. S'il résiste, elle le hait ; s'il cède elle le méprise. Elle cherche un autre homme à pénétrer. La femme a toujours besoin d'inconnu et de mystère et son amour n'est souvent qu'une insatiable curiosité.

Pourquoi les confesseurs sont-ils tout puissants sur l'âme et presque toujours sur le cœur des femmes ? c'est qu'ils savent tous leurs secrets, tandis que les femmes ignorent ceux des confesseurs.

La Franc-Maçonnerie n'est puissante dans le monde que par son redoutable secret si prodigieusement gardé que les initiés, même des plus hauts grades, ne le savent pas.

La religion catholique s'impose aux multitudes par un secret que le pape lui-même ne sait pas. Ce secret c'est celui des mystères. Les anciens gnostiques le savaient comme l'indique leur nom, mais ils ne surent pas garder le silence. Ils voulurent vulgariser la gnose ; il en résulta des doctrines ridicules que l'Eglise eut raison de condamner. Mais avec eux, malheureusement, fut condamnée la porte du sanctuaire occulte et on en jeta les clefs dans l'abîme.

C'est là que les Johanites et les Templiers osèrent aller la prendre au risque de la damnation éternelle. Méritaient-ils pour cela d'être damnés dans l'autre monde ? Tout ce que nous savons c'est quand ce monde ci, les Templiers furent brûlés.

La doctrine secrète de Jésus était celle-ci :
Dieu avait été considéré comme un maître et le prince de ce monde était le mal; moi qui suis le fils de Dieu, je vous le dis : Ne cherchons pas Dieu dans l'espace, il est dans nos consciences et dans nos cœurs. Mon père et moi nous ne sommes qu'un et je veux que vous et moi nous ne soyons qu'un. Aimons-nous les uns les autres comme des frères. N'ayons tous qu'un cœur et qu'une âme. La loi religieuse est faite pour l'homme, et l'homme, n'est pas fait pour la loi. Les prescriptions légales sont soumises au libre arbitre de notre raison unie à la foi. Croyez au bien et le mal ne pourra rien sur vous.

Quand vous serez assemblés en mon nom, mon esprit sera au milieu de vous. Personne parmi vous ne doit se croire le maître des autres, mais tous doivent respecter la décision de l'assemblée. Tout homme doit être jugé selon ses œuvres, et mesuré suivant la mesure qu'il s'est faite. La conscience de chaque homme constitue sa foi, et la foi de l'homme c'est la puissance de Dieu en lui.

Si vous êtes maître de vous-même la nature vous obéira et vous gouvernerez les autres. La foi des justes est plus inébranlable que les portes de l'enfer et leur espérance ne sera jamais confondue.

Je suis vous, et vous moi, dans l'esprit de charité qui est le nôtre, et qui est Dieu. Croyez cela et votre verbe sera créateur. Croyez cela et vous ferez des miracles. Le monde vous persécutera et vous ferez la conquête du monde.

Les bons sont ceux qui pratiquent la charité et ceux qui assistent les malheureux ; les méchants sont les cœurs sans pitié et ces derniers seront éternellement réprouvés par l'humanité et par la raison.

Les vielles sociétés fondées sur le mensonge périront; un jour le fils de l'homme trônera sur les nuées du ciel qui sont les ténèbres de l'idolâtrie et il portera un jugement définitif sur les vivants et sur les morts.

Désirez la lumière car elle se fera. Aspirez

à la justice, car elle viendra. Ne cherchez pas le triomphe du glaive, car le meurtre provoque le meurtre. C'est par la patience et la douceur que vous deviendrez maîtres de vous-même et du monde.

Livrez maintenant cette doctrine admirable aux commentaires des sophistes de la décadence et aux ergoteurs du Moyen-Age, vous en verrez sortir de belles choses. — Si Jésus était fils de Dieu, comment Dieu l'a-t-il engendré? Est-il de la même substance ou d'une autre substance que Dieu? La substance de Dieu! Quel éternel sujet de dispute pour l'ignorance présomptueuse! Était-il une personne divine ou une personne humaine? Avait-il deux natures et deux volontés? Terribles questions qui méritent bien qu'on s'excommunie et qu'on s'égorge! — Jésus avait une seule nature et deux volontés, disent les uns, mais ne les écoutez pas, ce sont des hérétiques, deux natures, donc, et une volonté? — Non, deux volontés. — Alors il était en opposition avec lui-même? — Non, car ces deux volontés n'en faisaient qu'une, qui s'appelle la Théaudrique. — Oh! oh! devant ce mot là ne disons plus rien, et puis il faut obéir à l'Eglise qui est devenue, bien autre chose que la primitive assemblée des fidèles. La loi est faite pour l'homme a dit Jésus, mais l'homme est fait pour l'Eglise dit l'Eglise, et c'est elle qui impose la loi. Dieu sanctionnera tous les décrets de l'Eglise et vous damnera tous si elle décide que vous êtes tous, ou presque tous, damnés. Jésus a dit qu'il faut s'en rapporter à l'assemblée, donc elle est infaillible, donc elle est Dieu, donc si elle décide que deux et deux font cinq, deux et deux feront cinq.

Si elle dit que la terre est immobile et que le soleil tourne, défense à la terre de tourner. Elle vous dira que Dieu sauve ses élus en leur donnant la grâce efficace et que les autres seront damnés pour n'avoir reçu que des grâces suffisantes, lesquelles à cause du péché originel suffisaient en principe mais en fait ne suffisaient pas ; que le pape sauve et damne qui il lui plaît puisqu'il a les clefs du ciel et de l'enfer. Puis viennent les casuistes avec leurs trousseaux de clefs qui n'ouvrent pas, mais qui ferment à double et triple tour toutes les portes des appartements projetés dans la tour de Babel. O Rabelais, mon maître, toi seul peux apporter la panacée qui convient à toute cette démence. Un éclat de rire démesuré ! Dis-nous enfin le dernier mot de tout cela, et apprends-nous définitivement si une chimère qui crève en faisant du bruit dans le vide peut se remplir de nouveau et se lester d'une bedaine en absorbant la substance quidditative et mirifique de nos secondes intentions ?

Utrum chimœra in vacuum bombinans possit comedere secundum intentiones.

Autres sots, autres commentaires. Voici venir les adversaires de l'Eglise qui nous disent : Dieu est dans l'homme, cela veut dire qu'il n'y a pas d'autre Dieu que l'intelligence humaine. Si l'homme est au-dessus de la loi religieuse et que cette loi gêne l'homme, pourquoi ne supprimerait-il pas la loi ? Si Dieu c'est nous et si nous sommes tous frères, si personne n'a le droit de se dire notre maître, pourquoi obéirions-nous ? La foi est la raison des imbéciles. Ne croyons à rien et ne nous soumettons à personne.

A la bonne heure ! Voici qui est fier. Mais il va falloir se battre tous contre tous et chacun contre chacun. Voici la guerre des dieux et l'extermination des hommes ! Hélas ! hélas ! misère et sottise !.... Puis encore et puis encore sottise, sottise et misère !

Père, pardonnez-leur, disait Jésus car ils ne savent ce qu'ils font. — Gens de bon sens, qui que vous soyez, ajouterai-je, ne les écoutez pas, car ils ne savent ce qu'ils disent.

Mais alors ils sont innocents, va crier un enfant terrible. — Silence imprudent. Silence au nom du ciel ou toute morale est perdue ! Vous avez tort d'ailleurs. S'ils étaient innocents il serait permis de faire comme eux et voudriez-vous les imiter ? Tout croire est une sottise ; la sottise ne saurait donc être innocente. S'il y a des circonstances atténuantes, c'est à Dieu seul de les apprécier.

Notre espèce est évidemment défectueuse et il semblerait à entendre parler et à voir agir la plupart des hommes qu'ils n'ont pas assez de raison pour être sérieusement responsables. Écoutez parler à la Chambre les hommes que la France (le premier pays du monde) honore de sa confiance. Voilà l'orateur de l'opposition. Voici le champion du ministère. Chacun des deux prouve victorieusement à l'autre qu'il n'entend rien aux affaires d'Etat. A prouve que B est un crétin, B prouve que A est un saltimbanque. Lequel croire ? Si vous êtes blanc vous croirez A, si vous êtes rouge vous croirez B. Mais la vérité, mon Dieu ! la vérité ! — La vérité c'est que A et B sont deux charlatans et deux menteurs. Puisqu'il peut exister un doute entre l'un et l'autre, ils ont prouvé l'un contre l'autre que l'un et l'autre ne valaient rien. J'admire la preuve et je les admire tous les deux dans cette démolition mutuelle. On trouve tout ce qu'on veut dans les livres, excepté souvent ce que l'auteur a voulu y mettre. On rit de la religion comme d'une imposture et l'on envoie ses enfants à l'église. On fait parade de cynisme et l'on est superstitieux. Ce qu'on craint par-dessus tout, c'est le bons sens, c'est la vérité, c'est la raison.

La vanité puérile et le sordide intérêt mènent les humains par le nez jusqu'à la mort, cet oubli définitif et cette rieuse suprême. Le fond de la plupart des âmes, c'est la vanité. Or, qu'est-ce que la vanité ? C'est le vide. Multipliez les zéros tant que vous voudrez, cela vaudra toujours zéro, entassez des riens et vous n'arriverez à rien, rien, rien. Rien, voilà le programme de la majorité des hommes.

Et ce sont là des immortels ! et ces âmes si ridiculement trompeuses et trompées sont impérissables ! Pour tous ces écervelés la vie est un piège suprême qui cache l'enfer ! Oh ! il y a certainement là-dessous un secret terrible : c'est celui de la responsabilité. Le père répond pour ses enfants, le maître pour ses serviteurs, et l'homme intelligent pour la foule inintelligente. La rédemption s'accomplit par tous les hommes supérieurs, la bêtise souffre, mais l'esprit seul expie.

La douleur du ver qu'on écrase et de l'huître que l'on déchire ne sont pas des expiations.

Sache donc, ô toi qui veux être initié aux grands mystères, que tu fais un pacte avec la douleur et que tu affrontes l'enfer. Le Vautour, le Prométhéide te regarde et les Furies conduites par Mercure apprêtent des coins de bois et des clous. Tu vas être sacré, c'est-à-dire consacré au supplice. L'humanité a besoin de tes tourments.

Le Christ est mort jeune sur une croix et tous ceux qu'il a initiés ont été martyrs. Apollonius de Tyane est mort des tortures qu'il avait souffertes dans les prisons de Rome. Paracelse et Agrippa ont mené une vie errante et sont morts misérablement. Guillaume Postel est mort prisonnier. Saint-Germain et Cagliostro ont fait une fin mystérieuse et probablement tragique. Tôt ou tard il faut satisfaire au pacte soit formel soit tacite. Il faut payer l'amende imposée à tout ravisseur du fruit de l'arbre de la science. Il faut se libérer de l'impôt que la nature a mis sur les miracles.

Il faut avoir une lutte finale avec le diable lorsqu'on s'est permis d'être Dieu.

Eritis sicut dii scientes bonum et malum.

FIN DU LIVRE SECOND

LIVRE TROISIEME

Le Mystère sacerdotal
ou l'art de se faire servir par les esprits

CHAPITRE I

LES FORCES ERRANTES

Un sentiment vague qu'on pourrait appeler la conscience de l'infini agite l'homme et le tourmente. Il sent en lui des forces oisives, il croit sentir s'agiter autour de lui des ennemis sans formes ou des auxiliaires inconnus. Il a souvent besoin de croire l'absurde et d'essayer l'impossible ; ou bien il se sent malade et brisé, tout lui échappe, et il voudrait tordre le désespoir pour en faire sortir une espérance nouvelle. L'amour l'a trompé, l'amitié l'a délaissé, la raison ne lui suffit plus. Un philosophe l'attristerait ; un magicien l'épouvanterait ; c'est alors qu'il lui faut un prêtre !

Le prêtre est le dompteur des hippogriffes de l'imagination et des tarasques de la fantaisie. Il tire une force de nos faiblesses et compose une réalité avec nos chimères; c'est le médecin homéopathe de la folie humaine. N'est-il pas d'ailleurs plus qu'un homme? N'a-t-il pas une mission légitime dont les titres de noblesse remontent au Calvaire ou au Sinaï? Je parle ici du prêtre catholique, et de fait il n'existe que celui-là. Les juifs ont des rabbins, les musulmans, des imans; les Indiens, des brahmes; les Chinois, des bonzes, les protestants, des ministres. Les catholiques seuls ont des prêtres, parce que seuls ils ont l'autel et le sacrifice, c'est-à-dire toute la religion.

Exercer la haute magie, c'est faire concurrence au sacerdoce catholique, c'est être un prêtre dissident. Rome est la grande Thèbes de l'initiation nouvelle. Elle remua jadis les ossements de ses martyrs pour combattre les dieux évoqués par Julien. Elle a pour cryptes ses catacombes, pour talismans ses chapelets et ses médailles, pour chaînes magiques ses congrégations, pour foyers magnétiques ses couvents, pour centres d'attraction ses confessionnaux, pour moyens d'expansion ses chaires, ses imprimeries et les mandements de ses évêques; elle a son pape enfin, son pape, l'homme-Dieu rendu visible et permanent sur la terre, son pape qui peut être un sot comme le sont plus ou moins tous les fanatiques, ou un scélérat comme Alexandre VI, mais qui n'en sera pas moins le régularisateur des esprits, l'arbitre des consciences, et dans tout l'univers chrétien le distributeur légitime de l'indulgence et des pardons.

C'est insensé, allez-vous dire. — Oui, c'est presque insensé à force d'être grand. C'est presque ridicule tant cela dépasse le sublime. Quelle puissance semblable a jamais paru sur la terre? et si elle n'existait pas qui oserait jamais l'inventer. Comment s'est produit cet effet immense? D'où nous vient ce prodige qui semble réaliser l'impossible? — De la concentration des forces errantes, de l'association et de la direction des instincts vagues, de la création conventionnelle de l'absolu dans l'espérance et dans la foi!

Criez maintenant au monstre! philosophes

du dix-huitième siècle ! Le monstre est plus fort que vous et vous vaincra. Dites qu'il faut écraser l'infâme ! disciples de Voltaire ; l'infâme ! y pensez-vous ? L'infâme inspiratrice de Vincent de Paul et de Fénelon, l'infâme qui suggère tant de sacrifices aux nobles sœurs de charité, tant de dévouements à de pauvres et chastes missionnaires ! L'infame fondatrice de tant de maisons de charité, de tant de refuges pour le repentir, de tant de retraites pour l'innocence. Si là est l'infâmie, tandis que l'honneur serait avec vos calomnies et vos injures, j'embrasse avec amour le pilori et je foule votre honneur.

Mais ce n'est pas là ce que vous voulez dire, et je ne veux pas être votre calomniateur à mon tour. Ame de Voltaire, toi que j'appellerais volontiers une âme sainte; car tu préférais à toutes choses la vérité et la justice; pour toi le bon sens était Dieu et la bêtise était le diable. Tu n'as vu que l'âme dans la crèche de Bethléem. Tu as vu l'entrée triomphale de Jésus dans Jérusalem et tu as ri des oreilles de l'âne. Cela devait fâcher Fréron.

Ah ! si tu avais connu Veuillot ! Mais parlons sérieusement, car il s'agit ici de choses graves.

Le *Génie du christianisme* a répondu aux sarcasmes de Voltaire, ou plutôt Chateaubriand a complété Voltaire, car ces deux grands hommes sont également en dehors du catholicisme des prêtres.

Les oreilles d'âne seront indispensables tant qu'il y aura des ânes dans le monde, et il doit y avoir des ânes puisque la nature, fille de Dieu, les a créés.

Jésus-Christ a voulu avoir un âne pour monture, et c'est pour cela que le saint Père monte sur une mule. Sa pantoufle même s'appelle une mule, pour signifier peut-être qu'un bon pape doit être entêté jusqu'au bout des ongles des pieds. *Non possumus*, dit notre saint Père le pape Pie IX lorsqu'on lui demande des concessions et des réformes. Le pape ne dit jamais *possumus* « nous pouvons », car cela c'est le grand arcane du sacerdoce; tous les prêtres le savent bien, mais cela est surtout vrai tant qu'ils ne le disent pas.

Le pouvoir fondé sur les mystères doit être

un pouvoir mystérieux, autrement il n'existerait plus.

Je crois que cet homme peut quelque chose que je ne saurais définir à cause d'autre chose que je ne comprends pas ni lui non plus. Donc je dois lui obéir, car je ne saurais dire pourquoi je ne lui obéirais pas, ne pouvant nier l'existence de ce que je ne sais pas, existence que d'ailleurs il affirme avec tout autant de raison. Je sens que cela n'est pas raisonnable et j'en suis bien aise parce qu'il me dit souvent qu'il faut se défier de la raison. Seulement je trouve que cela me fait du bien et que cela me tranquillise de penser ainsi.

— Charbonnier, vous avez raison.

Amours avortées ou déçues, ambitions repoussées; colères impuissantes, ressentiments aigris, orgueil qui aspire à descendre, paresse de l'esprit que fatigue le doute, élans de l'ignorance vers l'inconnu et surtout vers le merveilleux, craintes vagues de la mort, tourments de la mauvaise conscience, besoin du repos qui nous fuit sans cesse, rêves sombres et grandioses des artistes, visions terribles de l'éternité. Voilà les forces errantes que la religion rassemble et dont elle forme une passion la plus invincible et la plus formidable de toutes : la dévotion.

Cette passion est sans frein, car rien ne peut la retenir ou la limiter, elle se fait gloire de ses excès et croit que l'Eternité commence pour elle; elle absorbe tous les sentiments, rend l'homme insensible à tout ce qui n'est pas elle et pousse le zèle de la propagande jusqu'au despotisme le plus meurtrier et jusqu'à la fureur la plus implacable. Saint Dominique et saint Pie V sont reconnus comme tels par toute l'Église et ne peuvent être reniés par un catholique soumis et de bonne foi.

On comprend combien la dévotion peut devenir un levier puissant dans la main d'une autorité qui se déclare infaillible. Donnez-moi un point d'appui hors du monde, disait Archimède, et je déplacerai la terre. Les prêtres ont trouvé un point d'appui hors de la raison personnelle et ils ont déplacé la raison de l'humanité :

« Voyant que les hommes n'arrivaient pas

à la connaissance de Dieu par la science et par la raison, il nous a plu, dit le prince des apôtres, de sauver les croyants par l'absurdité de la foi ! »

Adversaires de l'Église, qu'avez-vous ici à répondre ? Saint Paul parle, comme on dit, la bouche ouverte et ne prétend tromper personne.

La force religieuse du dogme est dans cette obscurité qui fait son absurdité apparente. Un dogme expliqué ce n'est plus un dogme, c'est un théorème de philosophie ou du moins un postulatum. On veut toujours confondre la religion avec la philosophie, et l'on ne comprend pas que leur séparation et leur distinction, je ne dis pas leur antagonisme, est absolument nécessaire à l'équilibre de la raison.

Les astronomes pensent que les comètes ne sont errantes que relativement à notre système, mais qu'elles suivent un cours régulier allant d'un système à l'autre et décrivant une ellipse dont les foyers sont deux soleils.

Il en est de même des forces errantes de

l'homme. Une seule lumière ne leur suffit pas, et pour équilibrer leur essor il leur faut deux centres et deux foyers : l'un c'est la raison, et l'autre la foi.

CHAPITRE II

LES POUVOIRS DES PRÊTRES

Pour que le prêtre soit puissant, il faut qu'il sache ou qu'il croie. La conciliation de la science avec la foi appartient au grand hiérophante.

Si le prêtre sait sans croire, il peut être un homme de bien ou un malhonnête homme. S'il est homme de bien, il exploite la foi des autres au profit de la raison et de la justice. S'il est malhonnête homme, il exploite la foi au profit de ses cupidités, mais alors ce n'est plus un prêtre, c'est le plus vil des malfaiteurs.

S'il croit sans savoir, c'est une dupe respectable mais dangereuse que les hommes de science doivent dominer et surveiller.

Le sacerdoce et la royauté dans le christianisme ne sont que des délégations. Nous sommes tous prêtres et rois; mais comme les fonctions sacerdotales et royales supposent l'action d'un seul sur une multitude, nous confions nos pouvoirs dans l'ordre temporel à un roi et dans l'ordre spirituel à un prêtre.

Le roi chrétien est prêtre comme nous tous, mais il n'exerce pas le sacerdoce.

Le prêtre chrétien est roi comme nous tous mais il ne doit pas exercer la royauté.

Le prêtre doit diriger le roi et le roi protéger le prêtre.

Le prêtre tient les clefs et le roi porte le glaive.

Le prêtre du christianisme primitif était saint Pierre et le roi était saint Paul.

Le roi et le prêtre tiennent leurs pouvoirs du peuple, qui a été sacré roi et prêtre par l'onction sainte du baptême, application du sang divin de Jésus-Christ.

Toute la société est sauvegardée par l'équilibre de ces deux puissances.

Que demain il n'y ait plus de pape, après-demain il n'y aura plus de rois, et il n'y aura plus personne pour régner, soit dans l'ordre temporel, soit dans l'ordre spirituel, parce que personne n'obéira plus ; alors il n'y aura plus de société et les hommes s'entre-tueront.

Le pape c'est le prêtre, et le prêtre c'est le pape, car l'un est le représentant de l'autre. L'autorité du pape vient des prêtres et celle des prêtres remonte au pape. Au-dessus il n'y a que Dieu. Telle est du moins la croyance des prêtres.

Le prêtre dispose donc pour ceux qui ont confiance en lui d'une puissance divine. J'oserai même dire que son pouvoir semble être plus que divin, puisqu'il commande à Dieu même de venir et Dieu vient. Il fait plus, il crée Dieu par une parole ! Par un prestige attaché à sa personne, il dépouille les hommes de leur orgueil et les femmes de leur pudeur. Il les force à venir lui raconter des turpitudes pour lesquelles les hommes se battraient si on paraissait les en soupçonner, et dont les femmes ne voudraient pas même entendre le nom ailleurs que dans le confessionnal. Mais là, elles sont en règle avec les petites infamies, elles les disent tout bas, et le prêtre les pardonne ou leur impose une pénitence : quelques prières à dire, quelque mortification à faire, et elles s'en vont consolées. Est-ce donc trop cher que d'acheter la paix du cœur au prix d'un peu de servitude !

La religion étant la médecine des esprits impose certainement des servitudes, comme le médecin prescrit des remèdes et soumet ses malades à un régime. Personne ne peut raisonnablement contester l'utilité de la médecine, mais il ne faut pas pour cela que les médecins veuillent forcer les gens bien portants à se soigner et à se purger.

Ce serait un plaisant spectacle de voir le président de l'Académie de médecine lancer des encycliques contre tous ceux qui vivent sans rhubarbe, et mettre au ban de la société ceux qui prétendent, avec de la sobriété et de l'exercice, pouvoir se passer du médecin. Mais, de bouffonne la scène deviendrait tragique sans être moins énormément ridicule si le gouvernement, appuyant les prétentions du doyen, laissait seulement le choix aux réfractaires entre la seringue de Purgon et le fusil Chassepot. La liberté de régime est aussi inviolable que la liberté de conscience.

Vous me direz peut-être qu'on ne consulte pas les fous avant de leur administrer des douches. J'en conviens; mais prenez garde, ceci tournerait contre vous. Les fous sont en opposition avec la raison commune. Ils ont des croyances exceptionnelles et des extravagances qu'ils veulent imposer et qui les rendent furieux. Ne nous donnez pas à penser qu'il faudrait répondre par des douches *obligatoires* aux défenseurs du *Syllabus*.

La puissance du prêtre est toute morale et ne saurait s'imposer par la force. Mais d'un autre côté, et par une juste compasation, la force ne peut rien pour la détruire. Si vous tuez un prêtre vous faites un martyr. Faire un martyr, c'est poser la première pierre d'un autel, et tout autel produit des séminaires de prêtres. Renversez un autel et avec ses pierres dispersées on en construira vingt que vous ne renverserez pas. La religion n'a pas été inventée par les hommes, elle est fatale, c'est-à-dire providentielle elle s'est produite d'elle-même pour satisfaire au besoin des hommes et c'est ainsi que Dieu l'a voulue et révélée.

Le vulgaire y croit parce qu'il ne la comprend pas et parce qu'elle semble être assez absurde pour le subjuguer et lui plaire, et moi j'y crois parce que je la comprends et parce que je me trouverais absurde de ne pas y croire.

— C'est moi, ne craignez rien, dit le Christ en marchant sur les flots au milieu de la tempête.

— Seigneur, si c'est vous, dit saint Pierre, ordonnez que j'aille à vous en marchant aussi sur les flots.

— Viens! répond le Sauveur, et saint Pierre marcha sur la mer. Tout à coup le vent s'élève plus furieux, les vagues se balancent et l'homme a peur; aussitôt il enfonce, et Jésus le retenant et le soulvant par la main lui dit: « Homme de peu de foi, pourquoi as-tu douté? »

CHAPITRE III

L'ENCHAINEMENT DU DIABLE

Le plaisir est un ennemi qui doit fatalement devenir notre esclave ou notre maître. Pour le posséder il faut combattre, et pour en jouir il faut l'avoir vaincu.

Le plaisir est un esclave charmant, mais c'est un maître cruel, impitoyable et meurtrier. Ceux qu'il possède il les fatigue, il les use, il les tue, après avoir trompé tous leurs désirs et trahi toutes leurs espérances. La servitude d'un plaisir s'appelle une passion. La domination sur un plaisir peut s'appeler une puissance.

La nature a mis le plaisir près du devoir ; si nous le séparons du devoir il se corrompt et nous empoisonne. Si nous nous attachons au devoir, le plaisir ne s'en séparera plus, il nous suivra et sera notre récompense. Le plaisir est inséparable du bien. L'homme de bien peut souffrir, il est vrai, mais pour lui un plaisir immense se dégage de la douleur. Job sur son fumier reçoit la visite de Dieu qui le console et le relève, tandis que Nabuchodonosor sur son trône se courbe sous une main fatale qui lui prend sa raison et le change en bête. Jésus expirant sur la croix pousse un cri de triomphe comme s'il sentait sa résurrection prochaine, tandis que Tibère à Caprée, au milieu de ses criminelles délices trahit les angoisses de son âme et avoue dans une lettre au sénat qu'il se sent mourir tous les jours !

Le mal n'a de prise sur nous que par nos vices et par la peur qu'il nous inspire. Le diable poursuit ceux qui ont peur de lui et fuit devant ceux qui le méprisent. Bien faire et ne rien craindre, c'est l'art d'enchaîner le démon.

Mais nous ne faisons pas ici un traité de morale. Nous révélons les secrets de la science magique appliquée à la médecine des esprits.

Il faut donc dire quelque chose des possessions et des exorcismes.

Nous avons tous en nous-mêmes le sentiment d'une double vie. Les luttes de l'esprit contre la conscience, du désir lâche contre le sentiment généreux, de la bête, en un mot, contre la créature intelligente, les faiblesses de la volonté entraînée souvent par la passion, les reproches que nous nous adressons, la défiance de nous-mêmes, les rêves que nous poursuivons tout éveillés ; tout cela semble nous révéler en nous-mêmes la présence de deux personnes de caractère différent dont l'une nous exhorte au bien tandis que l'autre voudrait nous entraîner au mal.

De ces anxiétés naturelles à notre double nature, on a conclu à l'existence de deux anges attachés à chacun de nous, l'un bon l'autre mauvais, toujours présents, l'un à notre droite et l'autre à notre gauche. Ceci est purement et simplement du symbolisme, mais nous avons dit, et ceci est un arcane de la science, que l'imagination de l'homme est assez puissante pour donner des formes passagèrement réelles aux êtres qu'affirme son verbe. Plus d'une religieuse a vu et touché son bon ange; plus d'un ascète s'est pris corps à corps et s'est réellement battu avec son démon familier.

Dans les visions que nous avons provoquées ou qui procèdent d'une disposition maladive, nous nous apparaissons à nous-mêmes sous les formes que prête à notre imagination exaltée une projection magnétique. Et quelquefois aussi certains malades ou certains maniaques peuvent projeter des forces qui aimantent les objets soumis à leur influence, en sorte que ces objets semblent se déplacer et se mouvoir d'eux-mêmes.

Ces productions d'images et de forces, n'étant pas dans l'ordre habituel de la nature, procèdent toujours de quelque disposition maladive qui peut devenir tout à coup contagieuse par les effets de l'étonnement, de la frayeur, ou de quelque disposition mauvaise.

Les prodiges alors redoublent, et tout semble être entraîné par le vertige de la démence. De pareils phénomènes sont évidemment des désordres, ils sont produits par le magnétisme du mal, et le vulgaire aurait raison, s'il admettait la définition que nous avons donnée, de les attribuer au démon.

Ainsi se sont produits les miracles des convulsionnaires de saint Médard, des trembleurs des Cévennes et de tant d'autres. Ainsi se produisent les singularités du spiritisme ; au centre de tous ces cercles, à la tête de tous ces courants, il y avait des exaltés et des malades. Grâce à l'action du courant et à la pression des cercles, les malades peuvent devenir incurables et les exaltés deviennent fous.

Quand l'exaltation visionnaire et le déréglement magnétique se produisent à l'état chronique chez un malade, il est obsédé ou possédé suivant la gravité du mal.

Le sujet dans cet état est atteint d'une sorte de somnambulisme contagieux, il rêve tout éveillé, croit et produit jusqu'à un certain point l'absurde autour de lui, fascine les yeux et trompe les sens des personnes impressionnables qui l'entourent. C'est alors que la superstition triomphe et que l'action du diable devient évidente. Ellle est évidente, en effet, mais le diable n'est pas ce qu'on croit. On pourrait définir la magie, la science du magnétisme universel, mais ce serait prendre l'effet pour la cause. La cause, nous l'avons dit, c'est la lumière principiante de l'*od*, l'*ob* et l'*aour* des Hébreux. Mais revenons au magnétisme dont les grands secrets ne sont pas encore connus et révélons-en les futurs théorèmes.

I

Tous les êtres vivant sous une forme sont polarisés pour aspirer et respirer la vie universelle.

II

Les forces magnétiques dans les trois règnes sont faites pour s'équilibrer par la puissance des contraires.

III

L'électricité n'est que la chaleur spéciale qui produit la circulation du magnétisme.

IV

Les médicaments ne guérissent pas les maladies par l'action propre de leur substance; mais par leurs propriétés magnétiques.

V

Toute plante est sympathique à un animal et antipathique à l'animal contraire. Tout animal est sympathique à un homme et antipathique à un autre. La présence d'un animal peut changer le caractère d'une maladie.

Plus d'une vieille fille deviendrait folle si elle n'avait pas un chat, et sera presque raisonnable si, avec la possession d'un chat, elle fait concilier celle d'un chien.

VI

Il n'est pas une plante, pas un insecte, pas un caillou qui ne cache une vertu magnétique et qui ne puisse servir, soit à la bonne, soit à la mauvaise influence de la volonté humaine.

VII

L'homme a la puissance naturelle de soulager ses semblables, par la volonté, par la parole, par le regard et par les signes. Pour exercer cette puissance, il faut la connaître et y croire.

VIII

Toute volonté non manifestée par un signe est une volonté oisive. Il y a des signes directs et des signes indirects. Le signe direct a plus de puissance parce qu'il est plus rationnel; mais le signe indirect est toujours un signe ou une action correspondante à l'idée, et comme tel il peut réaliser la volonté. Mais le signe indirect n'est effectif que quand le signe direct est impossible.

IX

Toute détermination à l'action est une projection magnétique. Tout consentement à une action est une attraction de magnétisme.

Tout acte consenti est un pacte. Tout pacte est une obligation libre d'abord, fatale ensuite.

X

Pour agir sur les autres sans se lier soi-même, il faut être dans cette indépendance parfaite qui appartient à Dieu seul. L'homme peut-il être Dieu ? — Oui, par participation !

XI

Exercer une grande puissance sans être parfaitement libre, c'est se vouer à une grande fatalité. C'est pour cela qu'un sorcier ne peut guère se repentir et qu'il est nécessairement damné.

XII

La puissance du mage et celle du sorcier sont la même ; seulement le mage se tient à l'arbre lorsqu'il coupe la branche, et le sorcier est suspendu à la branche même qu'il veut couper.

XIII

Disposer des forces exceptionnelles de la

nature, c'est se mettre hors la loi. C'est par conséquent se soumettre au martyre si l'on est juste, et on ne l'est pas, à un légitime supplice.

XIV

*De par le roi défense à Dieu
De faire miracle en ce lieu.*

est une inscription paradoxale seulement dans la forme. La police de tel ou tel lieu appartient au roi, et tant que le roi est roi, Dieu ne peut se mettre en contravention avec sa police. Dieu peut jeter au fumier les mauvais papes et les mauvais rois, mais il ne peut s'opposer aux lois régnantes. Donc tout miracle qui se fait contre l'autorité spirituelle et légale du pape ou contre l'autorité temporelle et légale du roi ne vient *pas de Dieu*, mais du diable.

Dieu dans le monde, c'est l'ordre et l'autorité; Satan, c'est le désordre et l'anarchie. Pourquoi est-il non seulement permis mais glorieux de résister à un tyran? c'est que le tyran est un anarchiste qui a usurpé le pouvoir. Voulez-vous donc lutter victorieusement contre le mal? soyez la personnification du bien. Voulez-vous vaincre l'anarchie ? soyez le bras de l'autorité. Voulez-vous enchaîner Satan? soyez la puissance de Dieu.

Or la puissance de Dieu se manifeste dans l'humanité par deux forces : la foi collective et l'incontestable raison.

Il y a donc deux sortes d'exorcismes infaillibles, ceux de la raison et ceux de la foi. La loi commande aux fantômes dont elle est la reine parce qu'elle est leur mère, et ils s'éloignent pour un temps. La raison souffle sur eux au nom de la science et ils diparaissent pour toujours.

CHAPITRE IV

LE SURNATUREL ET LE DIVIN

Ce que le vulgaire appelle surnaturel, c'est ce qui lui paraît contre nature.

La lutte contre la nature est le rêve insensé des ascètes ; comme si la nature n'était pas la loi même de Dieu.

Ils ont appelé concupiscence les attraits légitimes de la nature. Ils ont lutté contre le sommeil, contre la faim et la soif, contre les désirs de l'amour. Ils ont lutté non pas seulement pour le triomphe des attraits supérieurs, mais dans la pensée que la nature est corrompue et que la satisfaction de la nature est un mal. Il s'en est suivi d'étranges aberrations. L'insomnie a créé le délire, le jeûne a creusé les cerveaux et les a remplis de fantômes, le célibat forcé a fait renaître de monstrueuses impuretés.

Les incubes et les succubes ont infesté les cloîtres. Le priapisme et l'hystérie ont créé dès cette vie un enfer pour les moines sans vocation et pour les nonnes présomptueuses.

Saint Antoine et sainte Thérèse ont lutté contre de lubriques fantômes; ils ont assisté en imagination à des orgies dont l'antique Babylone n'eût pas eu l'idée.

Marie Alacoque et Messaline ont souffert les mêmes tourments : ceux du désir exalté au delà de la nature et qu'il est impossible de satisfaire.

Il y avait toutefois entre elles cette différence, que si Messaline eût pu prévoir Marie Alacoque elle en eût été jalouse.

Résumer tous les hommes en un seul, comme Caligula dans sa soif de sang eût voulu le faire, et voir cet homme des hommes ouvrir sa poitrine et lui donner son cœur tout sanglant et tout brûlant à adorer, et à adorer pour la consoler de n'être jamais rassasiée d'amour, quel rêve c'eût été pour Messaline !

L'amour, ce triomphe de la nature, ne peut lui être ravi sans qu'elle s'irrite. Lorsqu'il croit devenir surnaturel il devient contre nature et la plus monstrueuse des impuretés est celle qui profane et prostitue en quelque sorte l'idée de Dieu. Ixion s'attaquant à Junon et épuisant sa force virile sur une nuée vengeresse était dans la haute philosophie symbolique des anciens, la figure de cette passion sacrilège punie dans les enfers par des nœuds de serpents qui l'attachaient à une roue et la faisaient tourner dans un vertige éternel. La passion érotique, détournée de son objet légitime et exaltée jusqu'au désir insensé de faire en quelque sorte violence à l'infini, est la plus furieuse des aberrations de l'âme, et comme la démence du marquis de Sade elle a soif de tortures et de sang. La jeune fille déchirera son sein avec des tissus de fer, l'homme épuisé, égaré par les jeûnes et les veilles, s'abandonnera tout entier aux délices dépravées d'une flagellation pleine de sensations étranges, puis à force de fatigue viendront les heures d'un sommeil plein de rêves énervants.

De ces excès résulteront des maladies qui seront le désespoir de la science. Tous les sens perdront leur usage naturel pour prêter leur concours à des sensations mensongères, des stigmates plus effrayants que ceux de la syphilis; creuseront dans les mains, dans les pieds, et autour de la tête, des plaies au suintement intermittent et profondément douloureux. Bientôt la victime ne verra plus, n'entendra plus, ne prendra plus de nourriture, et restera plongée dans un idiotisme profond dont elle ne sortira que pour mourir, à moins qu'une réaction terrible ne s'opère et ne se manifeste par des accès d'hystérisme ou de priapisme, qui feront croire à l'action directe du démon.

Malheur alors aux Urbain Grandier et aux Gaufridy! Les fureurs des bacchantes qui ont mis en pièces Orphée n'auront été que des jeux innocents comparés à la rage des pieuses colombes du Seigneur livrées à la furie d'amour!

Qui nous racontera les indicibles romans de la cellule du chartreux ou du petit lit solitaire où semble dormir la religieuse cloîtrée. Les jalousies de l'époux divin, ses abandons qui rendent folle, ses caresses qui donnent soif d'amour! Les résistances du succube couronné d'étoiles. Les dédains de la Vierge reine des anges, les complaisances de Jésus-Christ!

Oh! les lèvres qui ont bu une fois à cette coupe fatale restent altérées et tremblantes. Les cœurs brûlés une fois par ce délire trouvent sèches et insipides les sources réelles de l'amour. Qu'est-ce en effet qu'un homme pour la femme qui a rêvé un Dieu? Qu'est-ce que la femme pour l'homme dont le cœur a palpité pour la beauté éternelle? Ah! pauvres insensés, ce n'est plus rien pour vous et c'est tout cependant; car c'est la réalité, la raison, la vie.

Vos rêves ne sont que des rêves, vos fantômes que des fantômes. Dieu, la loi vivante, Dieu, la sagesse suprême, n'est point le complice de vos folies ni l'objet possible de vos passions désespérées, un poil tombé de la barbe d'un homme, un seul cheveu perdu par une femme réelle et vivante sont quelque chose de meilleur et de plus positif que vos dévorantes chimères. Aimez-vous les uns les autres et adorez Dieu.

La véritable adoration de Dieu n'est pas l'anéantissement de l'homme dans l'aveuglement et le délire; c'en est au contraire l'exaltation paisible dans la lumière de la raison. Le véritable amour de Dieu n'est pas le cauchemar de saint Antoine; c'est au contraire la paix profonde, cette tranquillité qui résulte de l'ordre parfait. Tout ce que l'homme croit surnaturel dans sa propre vie est contre nature, et tout ce qui est contre nature offense Dieu. Voilà ce qu'un vrai sage doit bien savoir !

Rien n'est surnaturel pas même Dieu, car la nature le démontre. La nature est sa loi, sa pensée; la nature est lui-même, et s'il pouvait donner des démentis à la nature il pourrait attenter à sa propre existence. Le miracle, prétendu divin, s'il sortait de l'ordre éternel, serait le suicide de Dieu.

Un homme peut naturellement guérir les autres puisque Jésus-Christ., les saints et les magnétiseurs l'ont fait et le font encore tous les jours. Un homme peut s'élever de terre, marcher sur l'eau, etc; il peut tout ce que Jésus a pu et c'est lui-même qui le dit : Ceux qui croiront feront les choses que je fais et des choses plus grandes encore.

Jésus a ressuscité des morts, mais il n'a jamais évoqué des âmes. Ressusciter un homme c'est le guérir de la léthargie qui précède ordinairement la mort. L'évoquer après sa mort c'est imprimer à la vie un mouvement rétrograde, c'est violenter la nature, et Jésus ne le pouvait pas.

Le miracle divin, c'est la nature qui obéit à la raison ; le miracle infernal, c'est la nature qui semble se désordonner pour obéir à la folie. Le vrai miracle de la vie humaine, c'est le bon sens, c'est la raison patiente et tranquille c'est la sagesse qui peut croire sans péril parce qu'elle sait douter sans amertume et sans colère, c'est la bonne volonté persévérante qui cherche, qui étudie et qui attend. C'est Rabelais qui célèbre le vin, boit souvent de l'eau, remplit tous les devoirs d'un bon curé et écrit son *Pantagruel*. Un jour que Jean de la Fontaine avait mis ses bas à l'envers, il demandait sérieusement si saint Augustin avait autant d'esprit que Rabelais. Retournez vos bas, bon La Fontaine, et gardez-vous à l'avenir de faire de semblables questions; peut-être M. de Fontenelle est-il assez fin pour vous comprendre, mais il n'est certainement pas assez hardi pour vous répondre.

Tout ce qu'on prend pour Dieu n'est pas Dieu et tout ce qu'on prend pour diable n'est pas le diable.

Ce qui est divin échappe à l'appréciation de l'homme et surtout de l'homme vulgaire. Le beau est toujours simple, le vrai semble ordinaire et le juste passe inaperçu parce qu'il ne choque personne. L'ordre n'est jamais remarqué; c'est le désordre qui attire l'attention parce qu'il est encombrant et criard. Les enfants sont pour la plupart insensibles à l'harmonie, ils préfèrent le tumulte et le bruit; c'est ainsi que, dans la vie, bien des gens cherchent le drame et le roman. Ils dédaignent le beau soleil et rêvent les splendeurs de la foudre, ils ne s'imaginent la vertu qu'avec la ciguë et Caton eût vècu libre; mais s'ils eussent été de vrais sages le monde les eût-il connus?

Saint Martin ne le croyait pas, lui qui donnait le nom de philosophes inconnus aux initiés à la vrai sagesse. Se taire est une des grandes lois de l'occultisme. Or se taire c'est se cacher. Dieu c'est la toute-puissance qui se cache et Satan, c'est l'impuissance vaniteuse qui cherche toujours à se montrer.

CHAPITRE V

LES RITES SACRÉS ET LES RITES MAUDITS

Il est raconté dans la Bible que deux prêtres ayant mis un feu profane dans leurs encensoirs furent dévorés devant l'autel par une explosion jalouse du feu sacré. Cette histoire est une menaçante allégorie.

Les rites, en effet, ne sont ni indifférents ni arbitraires. Les rites efficaces sont les rites consacrés par l'autorité légitime, et les rites profanés produisent toujours un effet contraire à celui que le téméraire opérateur se propose.

Les rites des anciennes religions débordées et annulées par le christianisme sont des rites profanes et maudits pour quiconque ne

LES RITES SACRÉS ET LES RITES MAUDITS 171

croit pas sérieusement à la vérité de ces religions aujourd'hui proscrites.

Ni le Judaïsme ni les autres grands cultes de l'Orient n'ont dit encore leur dernier mot. Ils sont condamnés, mais ils ne sont pas encore jugés, et jusqu'au jugement leur protestation peut être considérée comme légitime.

Les rites laissés en arrière par la marche du progrès religieux sont par cela même profanés et en quelque sorte maudits. On pourra comprendre plus tard les grandeurs encore ignorées du dogme judaïque, mais le monde chrétien ne reviendra pas pour cela à la circoncision.

Le schisme de Samarie était un retour vers le symbolisme de l'Egypte, aussi n'en est-il rien resté et les dix tribus ont disparu mélangées aux nations et absorbées à jamais par elles.

Les rites des grimoires hébreux déjà condamnés par la loi de Moïse, appartiennent au culte des patriarches qui offraient des victimes sur les montagnes en évoquant des visions. C'est un crime que de vouloir recommencer le sacrifice d'Abraham.

Les chrétiens catholiques et orthodoxes ont seuls établi un dogme et fondé un culte; les hérétiques et les sectaires n'ont su que nier, supprimer et détruire. Ils nous ramènent au déisme vague et à la négation de toute religion révélée, ce qui repousse Dieu dans une si profonde obscurité, que les hommes ne sont plus guère intéressés à savoir si véritablement il existe.

En dehors des affirmations magistrales et positives de Moïse et de Jésus Christ touchant la Divinité, tout n'est plus que doutes, hypothèses et fantaisie.

Pour les anciens peuples qui haïssaient les Juifs et que les Juifs détestaient, Dieu n'était autre-chose que le génie de la nature, gracieux comme le printemps, terrible comme la tempête, et les mille transformations de ce protée avaient peuplé d'une grande multitude de dieux les divers panthéons du monde.

Mais au dessous de tout régnait le destin c'est-à-dire la fatalité. Les dieux des anciens n'étaient que des forces naturelles. La nature elle même était le grand panthée. Les conséquences fatales d'un pareil dogme devaient être le matérialisme et l'esclavage.

Le Dieu de Moïse et de Jésus-Christ est un. Il est esprit; il est éternel, indépendant, immuable et infini; il peut tout, il a créé toutes choses et il les gouverne toutes. Il a fait l'homme à son image et à sa ressemblance. Il est notre seul père et notre seul maître. Les conséquences de ces dogmes sont le spiritualisme et la liberté.

De cet antagonisme dans les idées, on a conclu mal à propos un antagonisme dans les choses. On a fait du panthée un ennemi de Dieu, comme si le panthée existait réellement ailleurs que dans l'empire même de Dieu. On fait de la nature une puissance révoltée; on a appelé l'amour Satan; on a donné à la matière un esprit qu'elle ne saurait avoir, et par la loi fatale de l'équilibre il en est résulté qu'on a matérialisé les dogmes religieux. De ce conflit est sorti un contresens, ou peut-être un malentendu immense : c'est qu'on a réclamé la liberté de l'homme au nom de la fatalité qui l'enchaîne et un asservissement au nom de Dieu qui seul peut et veut l'affranchir. De cette perversité de jugement, la conséquence est un incroyable malaise et une sorte de paralysie morale parce qu'on voit partout des écueils.

J'avoue qu'entre Proudhon et Veuillot, je ne me sens même pas une velléité de choisir.

Les religions mortes ne revivent jamais, et comme l'a dit Jésus-Christ, on ne met pas le vin nouveau dans de vieux vases. Quand les rites deviennent inefficaces, le sacerdoce disparaît. Mais à travers toutes les transformations religieuses se sont conservés les rites secrets de la religion universelle, et c'est dans la raison et dans la valeur de ces rites que consiste encore le grand secret de la franc-maçonnerie.

Les symboles maçonniques, en effet, constituent dans leur ensemble une synthèse religieuse qui manque encore au sacerdoce catholique romain. Le comte Joseph de Maistre le sentait instinctivement; et lorsque dans son épouvante de voir le monde sans religion il aspirait à une alliance prochaine entre la science et la foi, il tournait involontairement les yeux vers les portes entr'ouvertes de l'occultisme.

Maintenant l'occultisme maçonnique n'existe plus, et les portes de l'initiation sont ouvertes à deux battants. Tout a été divulgué, tout a été écrit. Le *Tuileur* et les rituels maçonniques se vendent à qui veut les acheter. Le Grand-Orient n'a plus de mystères, ou du moins il n'en a pas plus pour les profanes que pour les initiés; mais les rites maçonniques inquiètent encore la cour de Rome, parce qu'elle sent qu'il y a là une puissance qui lui échappe.

Cette puissance, c'est la liberté de la conscience humaine, c'est la morale essentielle, indépendante de chaque culte. C'est le droit de n'être ni maudit ni voué à la mort éternelle parce qu'on se passe du ministère des prêtres, ministère nécessaire seulement pour ceux qui en sentent le besoin, respectable pour tous quand il s'offre sans s'imposer, horrible lorsqu'on en abuse.

C'est par la malédiction que l'Église donne de la puissance à ses ennemis. L'excommunication injuste est une espèce de sacre. Jacques de Molay, sur son bûcher, était le juge du pape et du roi. Savonarole, brûlé par Alexandre VI était alors le vénérable vicaire et le représentant de Jésus-Christ, et lorsqu'on refusait les sacrements aux prétendus jansénistes, le diacre Pâris faisait des miracles.

Deux sortes de rites peuvent donc être efficaces en magie : les rites sacrés et les rites maudits, car la malédiction est une consécration négative. L'exorcisme fait la possession, et l'Église infaillible crée en quelque sorte le diable lorsqu'elle entreprend de le chasser.

L'Église catholique romaine reproduit d'une manière exacte l'image de Dieu telle que l'ont dépeinte avec tant de génie les auteurs du *Siphra Dzeniütta*, expliqué par Rabbi Schiméon et ses disciples. Elle a deux faces, l'une de lumière et l'autre d'ombre, et l'harmonie pour elle résulte de l'analogie des contraires. La face de lumière, c'est la figure douce et souriante de Marie. La face d'ombre, c'est la grimace du démon. J'ose dire franchement au démon ce que je pense de sa grimace, et je ne crois pas en cela offenser l'Église ma mère. Si pourtant elle condamnait ma témérité ; si une décision d'un futur concile affirmait que le diable existe personnellement, je me soumettrais en vertu même de mes principes. J'ai dit que le verbe crée ce qu'il affirme ; or l'Église est dépositaire de l'autorité du verbe ; quand elle aura affirmé l'existence non seulement réelle mais personnelle du diable, le diable existera personnellement, l'Église romaine l'aura créé.

Les madones qui font des miracles ont toute la figure noire, parce que la multitude aime à regarder la religion de son côté ténébreux. Il en est des dogmes comme des tableaux puissamment éclairés : si vous atténuez les ombres, vous affaiblissez les lumières.

La hiérarchie des lumières, voilà ce qu'il faut rétablir dans l'Église au lieu de la hiérarchie des influences temporelles. Que la science soit rendue au clergé, que l'étude approfondie de la nature redresse et dirige l'exégèse. Que les prêtres soient des hommes mûrs et éprouvés par les luttes de la vie. Que les évêques soient supérieurs aux prêtres en sagesse et en vertu. Que le pape soit le plus savant et le plus sage des évêques, que les prêtres soient élus par le peuple, les évêques par les prêtres et le pape par les évêques. Qu'il y ait pour le sacerdoce une initiation progressive. Que les sciences occultes soient étudiées par les aspirants au saint ministère, et surtout cette grande Kabbale judaïque qui est la clef de tous les symboles. Alors seulement la vraie religion universelle sera révélée, et la catholicité de tous les âges et de tous les peuples remplacera ce catholicisme absurde et haineux, ennemi du progrès et de la liberté, qui lutte encore dans le monde contre la vérité et la justice, mais dont le règne est passé pour toujours.

Dans l'Église actuelle comme dans le judaïsme du temps de Jésus-Christ, l'ivraie se trouve mêlée avec le bon grain, et de peur d'arracher le froment on n'ose pas toucher à l'ivraie. L'Église expie ses propres anathèmes, elle est maudite parce qu'elle a maudit. Le glaive qu'elle a tiré s'est retourné contre elle, comme le maître l'avait prédit.

Les malédictions appartiennent à l'enfer et les anathèmes sont les actes de la papauté de Satan. Il faut les renvoyer au grimoire d'Honorius. La véritable Église de Dieu prie pour les pécheurs et n'a garde de les maudire.

On blâme les pères qui maudissent leurs enfants, mais jamais on n'a pu admettre qu'une mère ait maudit les siens. Les rites de l'excommunication usités dans les temps barbares étaient ceux des envoûtements, de la magie noire, et ce qui le prouve, c'est qu'on voilait les choses saintes et qu'on éteignait toutes les lumières comme pour rendre hommage aux ténèbres. Alors on excitait les peuples à la révolte contre les rois, on prêchait l'extermination et la haine, on mettait les royaumes en interdit, et on agrandissait par tous les moyens possibles le courant magnétique du mal. Ce courant est devenu un tourbillon qui ébranle le siège de Pierre, mais l'Église triomphera par l'indulgence et le pardon. Un jour viendra où les derniers anathèmes d'un concile œcuménique seront ceux-ci : Maudite soit la malédiction, que les anathèmes soient anathèmes, et que tous les hommes soient bénis! — Alors on ne verra plus d'un côté l'humanité, de l'autre l'Église. Car l'Église embrassera l'humanité, et quiconque sera dans l'humanité ne pourra être hors de l'Église.

Les dogmes dissidents ne seront considérés que comme des ignorances. La charité fera une douce violence à la haine, et nous resterons unis par tous les sentiments d'une fraternité sincère avec ceux mêmes qui voudraient se séparer de nous. La Religion alors aura conquis le monde, et les Juifs nos pères et nos frères salueront avec nous le règne spirituel du Messie. Tel sera sur la terre, maintenant si désolée et si malheureuse, le second avènement du Sauveur, la manifestation de la grande catholicité, et le triomphe du messianisme, notre espérance et notre foi!...

CHAPITRE VI

DE LA DIVINATION

On peut deviner de deux manières par sagacité ou par seconde vue.

La sagacité, c'est la juste observation des faits avec la déduction légitime des effets et des causes.

La seconde vue est une intuition spéciale, semblable à celle des somnambules lucides qui lisent le passé, le présent et l'avenir dans la lumière universelle, Edgar Poë somnambule lucide de l'ivresse parle dans ses contes d'un certain Auguste Dupin qui devinait les pensées et découvrait les mystères des affaires les plus embrouillées par un système tout spécial d'observations et de déductions.

Il serait à désirer que Messieurs les juges

d'instruction fussent bien initiés au système d'Auguste Dupin.

Souvent certains indices négligés comme insignifiants conduiraient, si l'on en tenait compte, à la découverte de la vérité. Cette vérité serait parfois étrange, inattendue, invraisemblable, comme dans le conte d'Edgar Poë intitulé : *Double assassinat dans la rue de la Morgue*. Que dirait-on, par exemple, si l'on apprenait un jour que l'empoisonnement de M. Lafarge n'est imputable à personne, que l'auteur de cet empoisonnement était somnambule et que frappée de craintes vagues (si c'était une femme) elle allait furtivement dans la fausse lucidité de son sommeil, substituer, mélanger l'arsenic, le bicarbonate de soude et la poudre de gomme jusque dans les boîtes de Marie Capelle, croyant dans son rêve rendre impossible cet empoisonnement dont elle avait peur peut-être pour son fils.

Certes nous faisons ici une hypothèse inadmissible après la condamnation, mais qui avant le jugement eût mérité peut-être d'être examinée avec soin en partant de ces données :

1° Que madame Lafarge mère parlait sans cesse d'empoisonnement et se défiait de sa bru, qui, dans une lettre malencontreuse, s'était vantée de posséder de l'arsenic ;

2° Que cette même dame ne se déshabillait jamais et gardait même son châle pour dormir ;

3° Qu'on entendait la nuit des bruits extraordinaires dans cette vieille demeure du Glandier ;

4° Que l'arsenic était répandu partout dans la maison, sur les meubles, dans les tiroirs, sur les étoffes, d'une manière qui exclut toute intelligence et toute raison ;

5° Qu'il avait de l'arsenic mêlé à de la poudre de gomme dans une boîte que Marie Capelle remit elle-même à sa jeune amie Emma Pontier, comme contenant la gomme dont elle se servait pour elle-même, et qu'elle convenait d'avoir mêlé aux boissons de M. Lafarge.

Ces circonstances si singulières eussent sans doute exercé la sagacité d'Auguste Dupin et de Zadig, mais n'ont dû faire aucune impression sur des jurés et sur des juges mortellement prévenus contre l'accusée par la triste évidence du vol des diamants. Elle fut donc condamnée et bien condamnée, puisque la justice a toujours raison ; mais on sait avec quelle énergie la malheureuse protesta jusqu'à la mort et de quelles honorables sympathies elle fut entourée jusqu'à ses derniers moments.

Un autre condamné, moins séduisant sans doute, protesta aussi devant la religion et devant la société au moment terrible de la mort ; ce fut le malheureux Léotade, atteint et convaincu du meurtre et du viol d'une enfant. Edgar Poë eût pu faire de cette tragique histoire un de ses contes saisissants ; il eût changé les noms des personnages et eût placé la scène en Angleterre ou en Amérique, et voici ce qu'il eût fait dire à Auguste Dupin :

L'enfant est entrée dans la maison d'éducation, l'on ne l'a plus vue reparaître, le portier qui fermait toujours la porte avec une clef ne s'est absenté qu'une minute. A son retour, l'enfant n'était plus là, mais elle avait laissé la porte entr'ouverte.

On retrouva le lendemain la malheureuse petite dans le cimetière, près du mur des jardins du pensionnat. Elle était morte et paraissait avoir été assommée à coups de poing, ses oreilles avaient été déchirées, et elle portait les marques d'un viol tout à fait anormal : c'étaient des déchirures effrayantes à voir, du reste aucune des traces spéciales que devait y laisser le viol accompli par un homme.

Elle ne semblait pas d'ailleurs être tombée là, mais y avoir été déposée. Ses vêtements étaient arrangés sous elle et autour d'elle. Ils étaient secs, bien qu'il eût plu toute la nuit; on devait l'avoir apportée là dans un sac vers le matin, soit par la porte, soit par la brèche du cimetière. Ses vêtements étaient souillés de déjections alvines dans lesquelles il semblait qu'on l'eût roulée.

Voici ce qui avait dû se passer. La jeune fille en entrant dans le parloir, avait été prise d'un besoin subit pour le satisfaire. Elle s'était glissée dehors par la porte restée entr'ouverte, personne ne la vit et ce fut une fatalité.

Elle chercha, du côté du cimetière, une

allée obscure où elle fut surprise par quelque méchante femme, dont on avait peut-être sali souvent la porte et qui était aux aguets, jurant de faire un mauvais parti à celui ou à celle qu'elle y surprendrait.

Elle ouvre brusquement la porte, tombe à coups de poing sur l'enfant dont elle meurtrit le visage, lui arrache à demi les oreilles, la roule dans ses déjections, puis elle s'aperçoit que l'infortunée ne bouge plus. Elle voulait seulement la battre et elle l'a tuée.

Que fera-t-elle du cadavre ? ou de ce qu'elle croit un cadavre, car la pauvre enfant assommée n'est peut-être qu'évanouie. Elle la cache dans un sac, puis elle sort et entend dire qu'on cherche une jeune apprentie entrée dans le pensionnat et qu'on n'a pas vue sortir.

Une idée horrible s'empare d'elle, il faut à tout prix détourner les soupçons, il faut que la victime soit trouvée au pied du mur du pensionnat et qu'un viol simulé rende impossible l'idée d'attribuer le crime à une femme.

Le viol est donc simulé à l'aide d'un bâton,

et c'est peut-être dans cette dernière et atroce douleur que la pauvre évanouie expire.

La nuit venue, la mégère porte son sac dans le cimetière, dont elle sait ouvrir la porte mal fermée en faisant jouer le pêne avec une lame de couteau. Elle a soin, en se retirant à reculons, d'effacer les traces de ses pas, et referme soigneusement la porte.

Cette hypothèse, continuerait Dupin, explique seule toutes les circonstances en apparence inexplicables de cette épouvantable histoire.

En effet, si l'économe du pensionnat eût violé la jeune fille, il eût cherché à étouffer ses cris et non les provoquer en lui tirant violemment les oreilles et en la meurtrisant de coups. Si elle eût crié ses cris eussent été entendus, puisque le grenier désigné comme le seul lieu possible du crime dans l'intérieur de la maison est percé de jours de souffrance sur la cour d'une caserne pleine de soldats et presque à la hauteur de la guérite du factionnaire.

L'accusé d'ailleurs a été vu toute la journée vaquant paisiblement à toutes les fonctions de son emploi. Son alibi à l'heure du crime est même attesté par ses confrères ; mais à cause de quelques méprises et de quelques tergiversations, on les accuse de complicité ou tout au moins de complaisance, il est donc probable qu'il va être déclaré coupable par le tribunal de Philadelphie.

Voici ce que dirait Auguste Dupin dans le conte inédit d'Edgar Poë qu'on nous permettra sans doute d'imaginer pour exposer notre hypothèse sans manquer aux devoirs que nous impose le respect de la chose jugée.

On sait comment Salomon entre deux mères qui se disputaient le même enfant, sut deviner d'une manière infaillible quelle était la véritable mère.

L'observation de la physionomie, des démarches, des habitudes, conduit aussi d'une manière certaine à la divination des secrètes pensées et du caractère des hommes. Des formes de la tête et de la main on peut tirer de précieuses inductions ; mais il faut tenir compte toujours du libre arbitre de l'homme et des efforts qu'il peut faire avec succès pour corriger les tendances mauvaises de sa nature.

Il faut savoir aussi qu'un bon naturel peut se dépraver, et que souvent les meilleurs deviennent les plus mauvais lorsqu'ils sont volontairement dégradés et corrompus. La science des grandes et infaillibles lois de l'équilibre peut aussi nous aider à prédire la destinée des hommes. Un homme nul ou médiocre pourra arriver à tout et ne sera jamais rien. Un homme passionné qui se jette dans des excès périra par ces excès mêmes, ou sera fatalement repoussé dans les excès contraires. Le christianisme des ittyles et des pères du désert devait se produire après les débauches de Tibère et d'Héliogabale. A l'époque du jansénisme, ce même christianisme terrible est une folie qui outrage la nature et qui prépare les orgies de la Régence et du Directoire. Les excès de la liberté en 93 ont appelé le despotisme. L'exagération d'une force tourne toujours à l'avantage de la force contraire.

C'est ainsi qu'en philosophie et en religion, les vérités exagérées deviennent les plus dangereux des mensonges. Quand Jésus-Christ par exemple a dit à ses apôtres : « Qui vous écoute m'écoute, et qui m'écoute écoute celui qui m'envoie », il établissant la hiérarchie disciplinaire et l'unité d'enseignement, attribuant à cette méthode divine parce qu'elle est naturelle une infaillibilité relative à ce qu'il a lui-même enseigné et ne donnant pour cela à aucun tribunal ecclésiastique le droit de condamner les découvertes de Galilée. Les exagérations du principe d'infaillibilité dogmatique et disciplinaire ont produit cette catastrophe immense de faire prendre en quelque sorte l'Église en flagrant délit de persécution de la vérité. Les paradoxes alors ont répondu aux paradoxes. L'Église semblait méconnaître les droits de la raison on a méconnu ceux de la foi. L'esprit humain est un infirme qui marche à l'aide de deux béquilles; la science et la religion. La fausse philosophie lui a pris la religion et le fanatisme lui arrache la science; que peut-il faire? Tomber lourdement et se laisser traîner comme un cul-de-jatte entre les blasphèmes de Proudhon et les énormités du *Syllabus*.

Les rages de l'incrédulité ne sont pas de

force à se mesurer avec les fureurs du fanatisme, parce qu'elles sont ridicules. Le fanatisme est une affirmation exagérée et l'incrédulité une négation également exagérée mais fort ridiculement. Qu'est-ce en effet que l'exagération du néant ? Beaucoup moins que rien ! Ce n'est guère la peine pour cela de rompre des lances.

Ainsi impuissance et découragement d'une part, persistance et envahissement de l'autre, nous retombons sous la pression lourde des croyances aveugles et des intérêts qui les exploitent. Le vieux monde qu'on croyait mort se dresse de nouveau devant nous et la révolution est à recommencer.

Tout cela pouvait être écrit, tout cela était écrit dans la loi de l'équilibre, tout cela avait été prédit et l'on peut facilement encore prédire ce qui arrivera ensuite.

L'esprit révolutionnaire agite maintenant et tourmente les nations qui sont demeurées absolument catholiques : L'Italie, l'Espagne et l'Irlande, et la réaction catholique, dans le sens de l'exagération et du despotisme, plane sur les peuples fatigués de révolutions. Pendant ce temps l'Allemagne protestante grandit et met un temporel formidable au service de la liberté de conscience et de l'indépendance de la pensée.

La France met son épée Voltairienne au service de la réaction cléricale et favorise ainsi le développement du matérialisme. La religion devient une politique et une industrie, les âmes d'élite s'en détachent et se réfugient dans la science, mais à force de creuser et d'analyser la matière, la science finira par trouver Dieu et forcera la religion de venir à elle. Les grossièretés théologiques du moyen-âge deviendront si évidemment impossibles, qu'on sera ridicule même de les combattre. La lettre alors fera place à l'esprit et la grande religion universelle sera connue du monde pour la première fois.

Prédire ce grand mouvement ce n'est pas une divination de l'avenir, car il est déjà commencé et les effets se manifestent déjà dans les causes. Tous les jours des découvertes nouvelles éclaircissent les textes obscurs de la Genèse et donnent raison aux vieux pères de la Kabbale. Camille Flammarion nous a déjà montré Dieu dans l'Univers; déjà depuis longtemps sont réduites au silence les voix qui ont condamné Galilée, la nature depuis si longtemps calomniée se justifie en se faisant mieux connaître, le brin de paille de Vanini en sait plus sur l'existence de Dieu que tous les docteurs de l'école, et les blasphémateurs d'hier sont les prophètes de demain.

Que des créations aient précédé la nôtre, que les jours de la Genèse soient des périodes d'années ou même des siècles, que le soleil arrêté par Josué soit une image poétique d'une emphase toute orientale, que les choses, évidemment absurdes comme histoire, s'expliquent par l'allégorie, cela ne nuit en rien à la majesté de la Bible et ne contredit en aucune manière son autorité.

Tout ce qui, dans ce saint livre, est dogme ou morale, ressort du jugement de l'Eglise, mais tout ce qui est archéologie, chronologie, physique, histoire, etc., appartient exclusivement à la science dont l'autorité en ces matières est absolument distincte, sinon indépendante de celle de la foi.

C'est ce que reconnaissent déjà, sans oser nettement le dire, les prêtres les plus éclairés ; et ils ont raison de se taire. Il ne faut pas vouloir que les chefs de la caravane marchent plus vite que les petits enfants et les vieillards. Ceux qui sont trop pressés de se lancer en avant, sont bientôt seuls et peuvent périr dans la solitude, comme cela est arrivé à Lamennais et à tant d'autres. Il faut bien savoir le chemin du camp, et être toujours prêt à y retourner à la moindre alarme, pour ne pas mériter qu'on vous taxe d'imprudence, lorsqu'on s'avance en éclaireur.

Quand le messianisme sera venu, c'est-à-dire quand le règne du Christ sera réalisé sur la terre, la guerre cessera, parce que la politique ne sera plus la fourberie du plus habile ou la brutalité du plus fort. Il y aura vraiment un droit international, parce que le devoir international sera proclamé et reconnu de tous, et c'est alors seulement que, selon la prédiction du Christ, il n'y aura plus qu'un seul troupeau et un seul pasteur.

Si toutes les sectes protestantes en venaient à s'unir en se ralliant à l'orthodoxie grecque, en reconnaissant pour pape le chef spirituel dont le siège serait à Constantinople, il y aurait dans le monde, deux églises catholiques romaines, car Constantinople a été et serait encore la nouvelle Rome. Le schisme alors ne pourrait être que passager: Un concile vraiment œcuménique, composé des députés de la chrétienté tout entière, terminerait le différend comme on l'a déjà fait à l'époque du concile de Constance. Et le monde s'étonnerait de se trouver tout entier catholique ; mais cette fois avec la liberté de conscience conquise par les protestants, et le droit à la morale indépendante revendiquée par la philosophie, personne n'étant plus obligé sous des peines légales d'user des remèdes de la religion, mais personne n'ayant plus non plus raisonnablement le pouvoir de nier les grandeurs de la foi ou d'insulter à la science qui sert de base à la philosophie.

Voilà ce que la philosophie de sagacité dont parle Paracelse nous fait voir clairement dans l'avenir ; et nous arrivons sans efforts à cette divination par une série de déductions qui, commencent aux faits mêmes qui s'accomplissent sous nos yeux.

Ces choses arriveront tôt ou tard et ce sera le triomphe de l'ordre ; mais la marche des événements qui l'amèneront pourra être entravée par des catastrophes sanglantes que prépare et fomente sans cesse le génie révolutionnaire, inspiré souvent par la soif ardente de la justice, capable de tous les héroïsmes et de tous les dévouements, mais toujours trompé, desservi et débordé par le magnétisme du mal.

D'ailleurs, s'il faut en croire la tradition prophétique, l'ordre parfait ne règnera pas sur la terre avant le dernier jugement, c'est-à-dire avant la transformation et le renouvellement de notre planète. Les hommes imparfaits ou déchus sont pour la plupart ennemis de la vérité et incapables d'une autre raison. Les vanités et les cupidités les divisent et les diviseront toujours ; et la justice, au dire des voyants depuis les temps apostoliques jusqu'à présent, ne règnera parfaitement sur la terre que quand les méchants ayant été ou convertis ou supprimés, le Christ, accompagné de ses anges et de ses saints, descendra du ciel pour régner.

Il est des causes que la sagacité humaine ne saurait prévoir, et qui produisent des événements immenses.

L'invention d'un nouveau fusil change l'équilibre de l'Europe et M. Thiers, l'habile homme sans principes, qui croit que la politique consiste à piper les dés du hasard, s'attèle à côté de Veuillot au char de Jaggrenat, je veux dire la papauté temporelle. Jésus avait-il prévu tout cela ? Oui peut-être, pendant son agonie du jardin des Oliviers et sans doute lorsqu'il a fait ensuite à saint Pierre cette terrible prédiction : Celui qui frappe par l'épée périra par l'épée.

Pour rétablir la papauté vraiment chrétienne dans l'exercice légitime de son double pouvoir, il faudra peut-être qu'il y ait un pape martyr ! Le supplice supplie, a dit le comte Joseph de Maistre, et quand la terre est desséchée par le souffle aride de l'irréligion elle demande des pluies de sang.

Le sang du coupable est purifié dès qu'il coule, car Jésus, en se suspendant à la croix, a sanctifié tous les instruments de supplice ; mais le sang du juste seul a une vertu expiatoire.

Le sang de Louis XVI et de Mme Elisabeth priait d'avance pour que celui de Robespierre ne fût point dédaigné par la justice suprême.

La divination de l'avenir par sagacité et par induction peut s'appeler prescience. Celle qui se fait par la seconde vue ou par intuition magnétique n'est jamais qu'un pressentiment.

On peut exalter la faculté pressensitive en produisant sur soi-même une sorte d'hypnotisme au moyen de quelques signes conventionnels ou arbitraires qui plongent la pensée dans un demi-sommeil. Ces signes sont tirés au sort, parce qu'on demande alors les oracles de la fatalité plutôt que ceux de la raison. C'est une invocation de l'ombre, c'est un appel à la démence, c'est un sacrifice de la pensée lucide à la chose sans nom qui va rôdant pendant la nuit.

La divination, comme son nom l'indique, est surtout une œuvre divine, et la parfaite prescience ne peut être attribuée qu'à Dieu. C'est pour cela que les hommes de Dieu sont naturellement prophètes. L'homme juste et bon pense et agit en union avec la divinité qui habite en nous tous et nous parle sans cesse, mais le tumulte des passions nous empêche d'entendre sa voix.

Les justes ayant calmé leur âme entendent toujours cette voix souveraine et paisible, leurs pensées sont comme une onde pure et aplanie dans laquelle le soleil divin se reflète dans toute sa splendeur.

Les âmes des saints sont comme des sensitives de pureté, elles frissonnent au moindre contact profane et se détournent avec horreur de tout ce qui est immonde. Elles ont un flair particulier qui leur permet de discerner et d'analyser en quelque sorte les émanations des consciences. Ils se sentent mal à l'aise devant les malveillants et tristes devant les impies. Les méchants, pour eux, ont une auréole noire qui les repousse, et les bonnes âmes, une lumière qui attire aussitôt leur cœur. St-Germain d'Auxerre devina ainsi Ste-Geneviève. Ainsi Postel trouva une jeunesse nouvelle dans les entretiens de la mère Jeanne. Ainsi Fénelon comprit et aima la douce et patiente Mme Guyon.

Le Curé d'Ars, le respectable M. Vianney pénétrait les épreuves de ceux qui s'adressaient à lui et il était impossible de lui mentir avec succès. On sait qu'il interrogea sévèrement les pastoureaux de la Salette et leur fit avouer qu'ils n'avaient rien vu d'extraordinaire et s'étaient amusés à arranger et à amplifier un simple rêve. Il existe aussi une sorte de divination qui appartient à l'enthousiasme et aux grandes passions exaltées.

Ces puissances de l'âme semblent créer ce qu'elles annoncent. C'est à elles qu'appartient l'efficacité de la prière ; elles disent : Amen ! qu'il en soit ainsi et il en est comme elles ont voulu.

CHAPITRE VII

LE POINT ÉQUILIBRANT

Toute la puissance magique est dans le point central de l'équilibre universel.

La sagesse équilibrante consiste dans ces quatre verbes : Savoir le vrai, vouloir le bien, aimer le beau, faire ce qui est juste ! parce que le vrai, le bien, le beau et le juste sont inséparables, en sorte que celui qui sait le vrai ne peut s'empêcher de vouloir le bien, de l'aimer parce qu'il est beau et de le faire, parce qu'il est juste.

Le point central dans l'ordre intellectuel et moral c'est le trait d'union entre la science et la foi. Dans la nature de l'homme ce point central est le milieu dans lequel s'unissent l'âme et le corps pour identifier leur action.

Dans l'ordre physique c'est la résultante des forces contraires compensées les unes par les autres.

Comprenez ce trait d'union, emparez-vous de ce milieu, agissez sur cette résultante !

Et eritis sicut dii scientes bonum et malum.

Le point équilibrant de la vie et de la mort, c'est le grand arcane de l'immortalité.

Le point équilibrant du jour et de la nuit, c'est le grand ressort du mouvement des mondes.

Le point équilibrant de la science et de la foi, c'est le grand arcane de la philosophie.

Le point équilibrant entre l'ordre et la liberté, c'est le grand arcane de la politique.

Le point équilibrant de l'homme et de la femme, c'est le grand arcane de l'amour.

Le point équilibrant de la volonté et de la passion, de l'action et de la réaction, c'est le grand arcane de la puissance.

Le grand arcane de la haute magie, l'arcane indicible, incommunicable n'est autre chose que le point équilibrant du relatif et de l'absolu. C'est l'infini du fini et le fini de l'infini. C'est la toute puissance relative de l'homme balançant l'impossible de Dieu.

Ici ceux qui savent comprendront et les autres chercheront à *deviner*.

QUI AUTEM DIVINABUNT DIVINI ERUNT.

Le point équilibrant, c'est la monade essentielle qui constitue la divinité en Dieu, la liberté ou l'individualité dans l'homme et l'harmonie dans la nature.

En dynamique, c'est le mouvement perpétuel ; en géométrie, c'est la quadrature du cercle ; en chimie, c'est la réalisation du grand œuvre.

Arrivé à ce point l'ange vole sans avoir besoin d'ailes, et l'homme peut ce qu'il doit raisonnablement vouloir.

Nous avons dit qu'on y arrive par la sagesse équilibrante qui se résume en quatre verbes : Savoir vouloir aimer et faire le vrai, le bien, le beau et le juste.

Tout homme est appelé à cette sagesse car, Dieu a donné à tous une intelligence pour savoir, une volonté pour vouloir, un cœur pour aimer, et une puissance pour agir.

L'exercice de l'intelligence appliquée au vrai conduit à la science.

L'exercice de l'intelligence appliquée au bien donne le sentiment du beau qui produit la foi.

Ce qui est faux déprave le savoir ; ce qui est mal déprave le vouloir ; ce qui est laid déprave l'amour ; ce qui est injuste annule et pervertit l'action. Ce qui est vrai doit être beau. Ce qui est beau doit être vrai, ce qui est bien est toujours juste.

Le mal, le faux, le laid et l'injuste sont incompatibles avec le vrai.

Je crois à la religion, parce qu'elle est belle et parce qu'elle enseigne le bien. Je trouve qu'il est juste d'y croire et je ne crois pas au diable, parce qu'il est laid et parce qu'il nous porte au mal en nous enseignant le mensonge.

Si on me parle d'un Dieu qui égare notre intelligence, étouffe notre raison et veut torturer à jamais ses créatures même coupables, je trouve que cet idéal est laid, que cette fiction est mauvaise, que ce tourmenteur tout-puissant est souverainement injuste ; et j'en conclus rigoureusement que tout cela est faux, que ce prétendu Dieu est fait à l'image et à la ressemblance du diable, et je ne veux pas croire en lui parce que je ne crois pas à Satan.

Mais ici je me trouve en apparente contradiction avec moi-même. Ce que je déclare être des injustices, des laideurs et par conséquent des faussetés, ressort des enseignements d'une Eglise dont je fais profession d'admettre les dogmes et de respecter les symboles.

Oui, sans doute, cela ressort de ses enseignements mal compris, et c'est pour cela que nous en appelons de la face d'ombre, à la tête de lumière ; de la lettre, à l'esprit, des théologiens, aux conciles ; des commentateurs, aux textes sacrés prêts à subir d'ailleurs une légitime condamnation si nous avons dit ce qu'il fallait taire. Qu'il soit bien entendu que nous n'écrivons pas pour les profanes multitudes, mais pour les savants d'une époque postérieure à la nôtre et pour les pontifes de l'avenir.

Ceux qui se rendront capables de savoir le vrai oseront aussi vouloir le bien; ils aimeront alors le beau et ne prendront plus les Veuillot pour représentants de leur idéal et de leurs pensées. Dès qu'un pape ainsi disposé se sentira la force de faire uniquement ce qui est juste, il n'aura plus à dire *non possumus*, car il pourra tout ce qu'il voudra et redeviendra le monarque légitime, non pas de Rome seulement, mais du monde.

Qu'importe que la barque de Pierre soit battue de la tempête, Jésus-Christ n'a-t-il pas appris à ce prince des apôtres comment on marche sur les flots? S'il enfonce, c'est qu'il a peur, et s'il a peur, c'est qu'il a douté de son divin maître. La main du Sauveur s'étendra, le prendra et le conduira au rivage. Homme de peu de foi, pourquoi avez-vous douté?

Pour un véritable croyant est-ce que l'Eglise peut jamais être en danger? Ce qui périclite ce n'est pas l'édifice, ce sont les constructions hybrides dont l'a surchargée l'ignorance des âges.

Un bon prêtre nous racontait un jour que, visitant un couvent de carmélites, il avait été admis à voir un vieux manteau ayant appartenu, disait-on, à la sainte fondatrice de l'ordre et comme il s'étonnait de le trouver assez malpropre, la religieuse qui le lui montrait s'écria en joignant les mains : « C'est la crasse de notre sainte mère! » Le prêtre pensa et nous pensons avec lui qu'il eût été plus respectueux de laver le manteau. La crasse ne saurait être une relique, autrement il faudrait aller plus loin encore et bientôt les chrétiens, dans leurs adorations stercoraires, n'auraient plus rien à reprocher aux fétichistes du Grand Lama.

Ce qui n'est pas beau n'est pas bien, ce qui n'est pas bien n'est pas juste, ce qui n'est pas juste n'est pas vrai.

Quand Voltaire, cet ami trop passionné de la justice, répétait son cri de ralliement : Ecrasez l'infâme! Croyez-vous qu'il voulait parler de l'Evangile ou de son adorable auteur? Prétendait-il s'attaquer à la religion de Saint Vincent de Paul et de Fénelon? Non sans doute, mais il était justement indigné des inepties, des énormes sottises et des persécutions impies dont les querelles du Jansénisme et du Molinisme remplissaient l'Eglise de son temps. L'infâme, pour lui comme pour nous, c'était l'impiété et la pire de toutes les impiétés la religion défigurée.

Aussi quand il eut fait son œuvre, quand la révolution eut proclamé suivant l'Evangile et malgré les castes intéressées : La liberté devant la conscience, l'égalité devant la loi et la fraternité des hommes, survint Chateaubriand qui montra combien devant le génie la religion était belle, et le monde de Voltaire corrigé par la révolution se trouva prêt à reconnaître encore que la religion était vraie.

Oui, la belle religion est vraie et la religion laide est fausse. Oui elle est vraie la religion du Christ consolateur, du bon pasteur portant sur ses épaules la brebis égarée, de la vierge immaculée, infirmière et rédemptrice des pécheurs; elle est vraie la religion qui adopte les orphelins, qui embrasse les condamnés au pied de l'échafaud, qui admet à la table de

Dieu le pauvre comme le riche, le serviteur auprès du maître, l'homme de couleur auprès du blanc. Elle est vraie la religion qui ordonne au souverain-pontife d'être le serviteur des serviteurs de Dieu et aux évêques de laver les pieds aux mendiants ! Mais la religion des boutiquiers du sanctuaire, celle qui force le successeur de Pierre de tuer pour manger, la religion fielleuse et ordinaire de Veuillot, la religion des ennemis de la science et du progrès, celle-là est fausse parce qu'elle est laide, parce qu'elle s'oppose au bien et parce qu'elle favorise l'injustice. Et qu'on ne nous dise pas que ces deux religions opposées sont la même. Autant vaudrait dire que la rouille est la même chose que le fer poli, que les scories sont de l'argent ou de l'or et que la lèpre est la même chose que la chair humaine.

Le besoin religieux existe dans l'homme : c'est un fait incontestable que la science est forcée d'admettre ; à ce besoin correspond un sens intime particulier : le sens de l'éternité et de l'infini. Il est des émotions qu'on n'oublie jamais lorsqu'on les a ressenties une fois, ce sont celles de la piété.

Le brahme les éprouve lorsqu'il se perd dans la contemplation d'Eswara, l'Israëlite en est pénétré en présence d'Adonaï, la fervente religieuse catholique la répand en larmes d'amour sur les pieds de son crucifix, et n'allez pas leur dire que ce sont des illusions et des mensonges ; ils souriraient de pitié et ils auraient raison. Tout remplis des rayonnements de la pensée éternelle, ils la voient et le sentiment qu'ils doivent éprouver en présence de ceux qui la nient est celui des clairvoyants devant un aveugle qui nierait l'existence du Soleil.

La foi ainsi a donc son évidence et c'est là une vérité qu'il est indispensable de savoir ; l'homme qui ne croit pas est incomplet il lui manque le premier de tous les sens intérieurs. La morale, pour lui, sera nécessairement restreinte et se réduira à bien peu de chose. La morale peut être indépendante de telle ou telle formule dogmatique, elle est indépendante des prescriptions de tel ou tel prêtre mais elle ne saurait exister sans le sentiment religieux parce que en dehors de ce sentiment la dignité humaine devient contestable ou arbitraire. Sans Dieu, et sans l'immortalité de l'âme, qu'est-ce que l'homme le meilleur, le plus aimant, le plus fidèle ? C'est un chien qui parle ; et beaucoup trouveront la morale du loup plus indépendante et plus fière que celle du chien. Voyez la fable de La Fontaine.

La vraie morale indépendante c'est celle du bon Samaritain qui panse les blessures du juif malgré les haines dont la religion est le prétexte entre Jérusalem et Samarie ; c'est Abd-el-Kader exposant sa vie pour sauver les chrétiens de Damas. Hélas, vénérable Pie IX, que ne vous a-t-il été donné, très saint Père, d'exposer la vôtre pour sauver ceux de Pérouse, de Castelfidardo et de Mentana !!!

Jésus-Christ disait, en parlant des prêtres de son temps : Faites ce qu'ils disent, mais ne faites pas ce qu'ils font. Alors, les prêtres ont dit qu'il fallait crucifier Jésus-Christ et on l'a crucifié ! Les prêtres, scandaleux dans leurs œuvres, ne sauraient donc être infaillibles dans leurs paroles.

Le même Jésus-Christ, d'ailleurs, ne guérissait-il pas les malades le jour du Sabbat au grand scandale des Pharisiens et des docteurs ?

La vraie morale indépendante c'est celle qui est inspirée par la religion indépendante.

Or, la religion indépendante doit être celle des hommes : l'autre est faite pour les enfants.

Nous ne saurions avoir, en religion, un plus parfait modèle que Jésus-Christ. Jésus pratiquait la religion de Moyse mais il ne s'y asservissait pas. Il disait que la loi est faite pour l'homme et non pas l'homme pour la loi, il était rejeté par la synagogue et n'en fréquentait pas moins le temple, il opposait en toutes choses l'esprit à la lettre, il ne recommandait à ses disciples que la charité. Il est mort en donnant l'absolution à un coupable repentant et en recommandant sa mère à son disciple bien-aimé et les prêtres n'ont assisté à sa dernière heure que pour le maudire.

Le point équilibrant en religion c'est la la liberté de conscience la plus absolue et l'obéissance volontaire à l'autorité qui règle l'enseignement public, la discipline et le culte.

En politique, c'est le gouvernement despotique de la loi garantissant la liberté de tous dans l'ordre hiérarchique le plus parfait.

En dynamique, c'est le milieu de la balance.

En Kabbale, c'est le mariage des Elohim.

En Magie, c'est le point central entre la résistance et l'action, c'est l'emploi simultané de l'ob et de l'od pour la création de l'aour.

En Hermétisme, c'est l'alliance indissoluble du Mercure et du Soufre.

En toutes choses, c'est l'alliance du vrai, du bien, du beau et du juste.

C'est la proportion de l'être et de la vie, c'est l'éternité dans le temps, et dans l'éternité c'est la puissance génératrice du temps.

C'est le quelque chose du tout et c'est le tout du quelque chose.

C'est l'idéalisme de l'homme rencontrant le réalisme de Dieu.

C'est le rapport entre le commencement et

la fin indiquant l'Oméga d'Alpha et l'Alpha d'Oméga.

C'est, enfin, ce que les grands initiés ont désigné sous le nom mystérieux d'*Azoth*.

CHAPITRE VIII

LES POINTS EXTRÊMES

La force des aimants est à leurs deux pôles extrêmes et leur point équilibrant est au milieu entre les deux pôles.

L'action d'un pôle est équilibrée par celle d'un pôle contraire comme dans le mouvement du pendule ; l'écartement de gauche du point central est en raison de l'écartement de droite.

Cette loi de l'équilibre physique est aussi celle de l'équilibre moral, les forces sont aux extrémités et convergent, au point central, entre les extrémités et le milieu on ne rencontre que la faiblesse.

Les lâches et les tièdes sont ceux qui se laissent emporter par le mouvement des autres et qui sont, par eux-mêmes, incapables de ce mouvement.

Les extrêmes se ressemblent et se touchent par la loi d'analogie des contraires.

Ils constituent la puissance de la lutte parce qu'ils ne sauraient se confondre.

Si le froid et le chaud viennent à se mêler, par exemple, ils cessent d'être dans leur spécialité de froid et de chaud et deviennent de la tiédeur.

— Que puis-je faire pour toi? dit Alexandre à Diogène. — Ote-toi de mon soleil, répond le cynique. Alors, le conquérant de s'écrier : Si je n'étais pas Alexandre je voudrais être Diogène. Voilà deux orgueils qui se comprennent et qui se touchent bien que placés aux deux extrémités de l'échelle sociale.

Pourquoi Jésus est-il allé chercher la Samaritaine lorsqu'il avait tant d'honnêtes femmes en Judée ?

Pourquoi reçoit-il les caresses et les larmes de la Madgeleine qui était une pécheresse publique? Pourquoi? Il vous le dit lui-même parce qu'elle a beaucoup aimé. Il ne cache pas ses préférences pour les gens mal famés comme les publicains et pour les enfants prodigues. On sent, à ses discours, qu'une seule larme de Caïn serait plus précieuse devant ses yeux que tout le sang d'Abel.

Les saints avaient coutume de dire qu'ils se sentaient les égaux des plus horribles scélérats et ils avaient raison. Les scélérats et les saints sont égaux comme les plateaux opposés d'une même balance. Les uns et les autres s'appuyent sur les points extrêmes, et il y a aussi loin d'un scélérat à un sage que d'un sage à un scélérat.

Ce sont les exagérations de la vie qui, en se combattant sans cesse, produisent le mouvement équilibré de la vie. Si l'antagonisme cessait dans la manifestation des forces, tout s'arrêterait dans un équilibre immobile et ce serait la mort universelle. Si tous les hommes étaient sages, il n'y aurait plus ni riches, ni pauvres, ni serviteurs, ni rois, ni sujets ; la société bientôt n'existerait plus. Ce monde est une maison de fous dont les sages sont les infirmiers, mais un hôpital est fait surtout pour les malades. C'est une école préparatoire à la vie éternelle ; or, ce qu'il faut à une école, ce sont d'abord des écoliers. La sagesse est le but qu'il faut atteindre, c'est le prix qui est mis au concours. Dieu la donne à qui la mérite, personne ne l'apporte en naissant. La puissance équilibrante est au point central, mais la puissance motrice se manifeste toujours aux extrémités. Ce sont les fous qui commencent les révolutions, ce sont les sages qui les finissent.

Dans les révolutions politiques, disait Danton, le pouvoir appartient toujours au plus scélérat. Dans les révolutions religieuses, ce sont les plus fanatiques qui entraînent nécessairement les autres.

C'est que les grands saints et les grands scélérats sont tous également de puissants magnétiseurs parce qu'ils ont des volontés exaltées par l'habitude des actes contre nature. Marat fascinait la Convention où tout le monde le haïssait et lui obéissait en le maudissant. Mandrin osait, en plein jour, traverser et rançonner les villes et personne n'osait le poursuivre. On le croyait magicien ! on était persuadé que si on le menait à la potence il ferait comme Polichinelle, et pendrait lui-même le bourreau : or, c'est probablement ce qu'il eût fait s'il n'eût risqué tout son prestige dans une aventure amoureuse et ne s'était ridiculement laissé prendre comme un autre Samson aux genoux d'une Dalila.

L'amour des femmes est le triomphe de la nature. C'est la gloire des sages, mais c'est pour les brigands et pour les saints le plus pernicieux de tous les écueils.

Les brigands ne doivent être amoureux que de la guillotine que Lacenaire appelait sa belle fiancée et les saints ne doivent donner des baisers qu'à des têtes de morts.

Les scélérats et les saints sont des hommes également excessifs et ennemis de la nature. Aussi la légende populaire semble-t-elle souvent les confondre en prêtant aux saints des actions de cruauté monstrueuse et aux brigands célèbres des actes de philantrophie.

Saint Siméon stylite sur sa colonne est visité par sa mère qui veut l'embrasser avant de mourir. Le fakir chrétien, non seulement ne descend pas mais il se cache le visage pour ne pas la voir. La pauvre femme s'éteint dans les larmes en appelant son fils et le saint la laisse mourir. Si l'on nous racontait une papareille chose de Cartouche ou de Schinderhannes, nous trouverions qu'on surcharge à plaisir le tableau de leurs forfaits. Il est vrai que Cartouche et Schinderhannes n'étaient pas des saints : ce n'étaient que de simples brigands.

O bêtise, bêtise, bêtise humaine ! ! !

Les désordres dans l'ordre moral produisent les désordres dans l'ordre physique, et c'est ce que le vulgaire appelle des miracles. Il faut être Balaam pour entendre parler une ânesse : l'imagination des sots est la nourrice des prodiges. Quand un homme a bu avec excès il croit que les autres chancellent et que la nature se dérange pour le laisser passer.

Vous donc qui visez à l'extraordinaire, vous qui voulez faire des prodiges, soyez des gens extravagants. La sagesse n'est jamais remarquée parce qu'elle est toujours dans l'ordre, dans le calme, dans l'harmonie et dans la paix.

Tous les vices ont leurs immortels qui, à force d'excès, ont illustré leur infâmie. L'orgueil, c'est Alexandre si ce n'est Diogène ou Erostrate ; la colère, c'est Achille ; l'envie, c'est Caïn ou Thersite ; la luxure, c'est Messaline ; la gourmandise, Vittellius ; la paresse, Sardanapale ; l'avarice, le roi Midas. Opposez à ces héros ridicules d'autres héros qui, par des moyens contraires, arrivent exactement aux mêmes fins : saint François, le Diogène chrétien qui, à force d'humilité, se fait passer pour l'égal de Jésus-Christ ; saint Grégoire VII, dont les emportements bouleversent l'Europe et compromettent la papauté ; saint Bernard, le livide persécuteur d'Abailard dont la gloire éclypsait la sienne ; saint Antoine, dont l'imagination impure surpassait les orgies de Tibère ou de Trimalcyon ; les affamés du désert, toujours livrés aux rêves faméliques de Tantale, et ces pauvres moines, toujours si avides d'argent. Les extrêmes se touchent, comme nous l'avons dit, et ce qui n'est pas la sagesse ne saurait être la vertu. Les points extrêmes sont les foyers de la folie, et, malgré tous les rêves d'ascétisme et les odeurs de sainteté, la folie, en définitive, travaille toujours pour le vice.

Volontaires ou involontaires les évocations sont des crimes. Les hommes, que le magnétisme du mal tourmente et auxquels il apparaît sous des formes visibles, portent la peine des outrages qu'ils ont faits à la nature. Une religieuse hystérique n'est pas moins impure qu'une femme débauchée, l'une vit dans un tombeau et l'autre dans un lupanar ; mais souvent la femme du tombeau porte un lupanar dans son cœur, et la femme du lupanar cache, dans sa poitrine, un tombeau.

Quand le malheureux Urbain Grandier, expiant cruellement le tort de ses vœux téméraires, maudit comme prétendu sorcier et méprisé comme prêtre libertin, marchait à la mort avec la résignation d'un sage et la patience d'un martyr, les pieuses Ursulines de Loudun, se tordant comme des bacchantes et, plaçant le crucifix entre leurs pieds, s'abandonnaient aux démonstrations les plus sacrilèges et les plus obscènes. On les plaignait, ces innocentes victimes ! Et Grandier, brisé par la torture et enchaîné à son poteau où les flammes le gagnaient lentement sans qu'une plainte s'échappât de sa bouche, était regardé comme leur bourreau.

Chose incroyable, c'étaient les religieuses qui représentaient le principe du mal, qui le réalisaient, qui l'incarnaient en elles-mêmes ; c'étaient elles qui blasphémaient, qui injuriaient, qui accusaient, et c'était l'objet de leur passion sacrilège que l'on envoyait à la mort ! Elles et leurs exorcistes avaient évoqué tout l'enfer et Grandier, qui ne pouvait même les faire taire, était condamné comme sorcier et comme maître des démons.

Le célèbre curé d'Ars, le savant M. Viannay, était, au dire de ses biographes, lutiné par le démon qui vivait avec lui dans une sorte de familiarité. Le bon curé était ainsi sorcier sans le savoir, il faisait des évocations involontaires. Comment cela ? Un propos qu'on lui attribue va nous l'expliquer. Il aurait dit, en parlant de lui-même : « Je connais quelqu'un qui serait bien dupé s'il n'existait pas de récompenses éternelles ! » Eh quoi ? Eût-il donc cessé de faire le bien s'il n'avait plus espéré de récompense ? La nature se plaignait-elle au fond de sa conscience ? Se sentait-il injuste envers elle ?

La vie d'un vrai sage ne porte-t-elle pas sa récompense en elle-même ? L'éternité bienheureuse ne commence-t-elle pas pour lui sur la terre ? la véritable sagesse est-elle jamais un rôle de dupe ? Brave homme, si vous avez dit cela c'est que vous sentiez de l'exagération dans votre zèle. C'est que votre cœur avait à regretter d'honnêtes réjouissances perdues. C'est que la mère nature se plaignait de vous comme d'un fils ingrat. Heureux les cœurs à qui la nature ne reproche rien ! Heureux les yeux qui, partout, cherchent la beauté ! Heureuses les mains qui savent répandre toujours et les bienfaits et les caresses ! Heureux les hommes qui, ayant à choisir entre deux vins, préfèrent le meilleur et sont souvent plus heureux de l'offrir à d'autres que de le boire ! Heureux les visages gracieux dont les lèvres sont pleines de sourires et de baisers ! Ceux-là ne seront jamais dupes, car, après l'espérance d'aimer, ce qu'il y a de meilleur au monde c'est le souvenir d'avoir aimé; et ces choses, seules, méritent d'être immortelles, dont le souvenir peut être toujours un bonheur !

CHAPITRE IX

LE MOUVEMENT PERPÉTUEL

Le mouvement perpétuel c'est la loi éternelle de la vie.

Partout il se manifeste comme la respiration dans l'homme, par attraction et par répulsion.

Toute action provoque une réaction, toute réaction est proportionnelle à l'action.

Une action harmonieuse produit sa correspondante en harmonie. Une action discordante nécessite une réaction en apparence désordonnée mais en réalité équilibrante.

Si vous opposez la violence à la violence vous perpétuez la violence mais si à la violence vous opposez la force de la douleur vous faites triompher la douceur et vous brisez la violence.

Il y a des vérités qui paraissent opposées les unes aux autres parce que le mouvement perpétuel les fait triompher tour à tour.

Le jour existe et la nuit existe aussi, ils existent simultanément mais pas sur le même hémisphère.

Il y a de l'ombre dans le jour, il y a des lueurs dans la nuit et l'ombre, dans le jour, rend le jour plus éclatant comme les lueurs dans la nuit font paraître la nuit plus noire.

Le jour visible et la nuit visible n'existe ainsi que pour nos yeux. La lumière éternelle est invisible aux yeux mortels et elle remplit l'immensité.

Le jour des âmes c'est la vérité et la nuit pour elles c'est le mensonge.

Toute vérité suppose et nécessité un mensonge à cause de la limite des formes et tout mensonge suppose et nécessite une vérité dans les rectifications du fini par l'infini.

Tout mensonge contient une certaine vérité qui est la précision de la forme et toute vérité pour nous est enveloppée d'un certain mensonge qui est le fini de son apparence.

Ainsi est-il vrai ou seulement probable qu'il existe un immense individu ou trois individus qui n'en font qu'un, lequel est invisible et récompense ceux qui le servent en se laissant voir par eux, est présent partout même en enfer ou il torture les damnés en les privant de sa présence, veut le salut de tous et ne donne sa grâce efficace qu'à un trés petit nombre impose à tous une loi terrible en permettant tout ce qui peut en rendre la promulgation douteuse, exite-t-il un pareil Dieu ? Non non et certainement non, l'existence de Dieu affirmée sous cette forme est une vérité déguisée et toute enveloppée de mensonges.

Doit-on reconnaître que tout a été et sera, que la substance éternelle se suffit à elle même étant déterminée à la forme par le mouvement perpétuel, qu'ainsi tout est force et matière, que l'âme n'existe pas, la pensée n'étant que le travail du cerveau et Dieu ne saurait être autre chose que la fatalité de l'être ? Non certainement, car cette négation absolue de l'intelligence répugnerait même à l'instinct des bêtes. Il est évident que l'affirmation contraire nécessite la croyance en Dieu.

Ce Dieu s'est-il manifesté en dehors de la nature et personnellement aux hommes leur imposa des idées contraire à la nature ou à la raison ?

Non certainement car le fait de cette révélation si elle existait serait évidente pour tous : et de plus quand même le fait d'une manifestation extérieure venant d'un être inconnu serait d'une incontestable réalité, si cet être s'est montré en opposition avec la raison et la nature qui viennent de Dieu il ne saurait être Dieu. Moyse, Mahomet, le pape et le grand Lama disent que Dieu a parlé à chacun d'eux à l'exclusion des autres et qu'il a dit à chacun d'eux que les autres étaient des menteurs. — Mais alors ils sont tous des menteurs ?

— Non, ils se trompent quand ils se divisent et disent vrai quand ils s'accordent.

— Mais Dieu leur a-t-il ou ne leur a-t-il pas parlé ? Dieu n'a ni bouche ni langue pour parler à la manière des hommes. S'il parle c'est dans les consciences et nous pouvons tous entendre sa voix.

C'est lui qui approuve dans nos cœurs la parole de Jésus, celle de Moyse quand elle est sage et celle de Mahomet quand elle est belle. Dieu n'est pas loin de chacun de nous dit St Paul car c'est en lui que nous vivons, que nous nous mouvons et que nous sommes.

Heureux les cœurs purs, dit le Christ, car ils verront Dieu. Or voir Dieu qui est invisible c'est le sentir dans sa conscience, c'est l'écouter parler dans son cœur.

Le Dieu d'Hermès, celui de Pythagore, d'Orphée, celui de Socrate, celui de Moyse et de Jésus-Christ ne font qu'un seul et même Dieu et il leur a parlé à tous. Cléanthe le lycon était inspiré comme David et la légende de Chrisna est aussi belle que l'évangile de saint Mathieu. Il y a d'admirables pages dans le Koran; mais il y en a de stupides et de hideuses dans la théologie de tous les cultes.

Le Dieu de la Kabbale, celui de Moyse et de Job le Dieu de Jésus-Christ, d'Origène et de Synésius ne peut pas être celui des auto-da-fés.

Les mystères du Christianisme tels que les entendent St Jean l'Evangéliste et les savants pères de l'Eglise sont sublimes; mais les mêmes mystères expliqués ou plutôt rendus inexplicables par les Garassus, les Escobar et les Veuillot sont ridicules et immondes. Le culte catholique est splendide ou pitoyable selon les prêtres et les temples.

Ainsi l'on peut dire avec égale vérité que le dogme est vrai et qu'il est faux, que Dieu a parlé et qu'il n'a point parlé, que l'Eglise est infaillible et qu'elle se trompe tous les jours, qu'elle détruit l'esclavage et conspire contre la liberté, qu'elle élève l'homme et qu'elle l'abrutit.

On peut trouver d'admirables croyants parmi ceux qu'elle appelle athées et des athées parmi ceux qui se donnent à elle pour des croyants. Comment sortir de ses contradictions flagrantes? En nous rappelant qu'il y a de l'ombre dans le jour et des lueurs dans la nuit, en ne négligeant pas de recueillir le bien qui souvent se trouve dans le mal et en nous gardant du mal qui peut se mêler avec le bien.

Le pape Pie IX a donné sous le nom de Syllabus une série de propositions qu'il condamne et dont la plupart semblent être incontestablement vraies au point de vue de la science et de la raison. Chacune de ces propositions cependant renferme et cache un sens faux qui est légitimement condamné. Devons-nous pour cela renoncer au sens vrai et naturel qu'elles présentent au premier abord ? Quand l'autorité joue à cache-cache la cherchera qui voudra, quant à nous il nous suffit de la reconnaître quand elle se montre.

L'intelligent évêque d'Orléans, le belliqueux seigneur Dupanloup a prouvé en opposant le pape à lui-même que le syllabus ne signifie pas et ne saurait signifier ce qu'il semble dire. Si c'est un logogryphe, passons, nous qui ne sommes pas initiés aux profondeurs de la cour de Rome.

Combien de grandes vérités sont cachées sous des formules dogmatiques obscures en apparence jusqu'au ridicule le plus complet? En veut-on des exemples? Si l'on racontait à un philosophe chinois que les Européens adorent comme étant le Dieu suprême des univers un juif mort du dernier supplice et qu'ils pensent ressusciter tous les jours ce juif qu'ils mangent en chair et en os sous la figure d'un petit pain, le disciple de Confucius n'aurait-il pas quelque peine à croire capables de ces énormités des peuples qui à ses yeux, il est vrai sont des barbares mais enfin ne sont pas tout-à-fait des sauvages; et si l'on ajoutait que ce juif est né par l'incubation d'un esprit dont la forme est celle d'un pigeon et qui est le même Dieu que le juif, d'une femme qui était avant et pendant l'accouchement restée matériellement et physiquement vierge, croyez-vous que son étonnement et son mépris n'irait pas jusqu'au dégout? Mais si le retenant par la manche on lui criait dans l'oreille que le juif Dieu est venu au monde pour mourir dans les tourments afin d'apaiser son père le Dieu des juifs qui trouvait que ce n'était pas assez juif et qui à l'occasion de la mort de son fils a aboli le Judaïsme que lui-même avait juré devoir être éternel, n'entrerait-il pas dans une véritable colère ?

Tout dogme pour être vrai doit cacher sous une formule émigmatique un sens éminemment raisonnable. Il doit avoir deux faces comme la tête divine du Zohar une de lumière et une d'ombre.

Si le dogme chrétien, expliqué dans son esprit, n'était pas acceptable pour un israélite pieux et éclairé, il faudrait dire que ce dogme est faux et la raison en est simple, c'est qu'à l'époque où le christianisme s'est produit dans le monde, le Judaïsme était la vraie religion et que Dieu, même, rejetait, devait rejeter et doit rejeter toujours, ce que cette religion n'admettait pas. Il est donc impossible que nous puissions adorer un homme ou une chose quelconque. Nous devons être attachés, avant tout, au Théisme pur et au spiritualisme de Moyse. Notre communication des idiomes n'est pas une confusion de nature ; nous adorons Dieu en Jésus-Christ, et non Jésus-Christ à la place de Dieu. Nous croyons que Dieu se révèle dans l'humanité même, qu'il est en nous tous avec l'esprit du Sauveur, et cela, certes, n'a rien d'absurde. Nous croyons que l'esprit du Sauveur, c'est l'esprit de charité, l'esprit de piété, l'esprit d'intelligence, l'esprit de science et de bon conseil, et, dans tout cela, je ne vois rien qui ressemble au fanatisme aveugle. Nos dogmes de l'Incarnation, de la Trinité, de Rédemption, sont aussi anciens que le monde et ressortent même de cette doctrine cachée que le mosaïsme réservait pour ses docteurs et ses prêtres. L'arbre des Zéphiroth est une exposition admirable du mystère de la Trinité. La déchéance du grand Adam, cette conception gigantesque de toute l'humanité déchue, demande un réparateur non moins immense que devra être le Messie mais qui se manifestera avec la douceur du petit enfant se jouant avec les lions et appelant à lui les petits de la colombe. Le christianisme bien compris c'est le plus parfait judaïsme moins la circoncision et les servitudes rabbiniques, plus la foi, l'espérance et la charité dans une admirable communion.

Il est aujourd'hui bien avéré pour les gens instruits que les sages égyptiens n'adoraient ni les chiens, ni les chats, ni les légumes. Le dogme secret des initiés était précisément celui de Moyse comme celui d'Orphée. Un seul Dieu universel, immuable comme la loi, fécond comme la vie, révélé dans toute la nature, pensant dans toutes les intelligences, aimant dans tous les cœurs, cause et principe de l'être et des êtres sans se confondre avec eux, invisible, inconcevable, mais existant certainement puisque rien ne saurait exister sans lui.

Ne pouvant pas le voir, les hommes l'ont rêvé et la diversité des dieux n'est autre chose que la diversité de leurs rêves.

Si tu ne rêves pas comme moi tu seras éternellement réprouvé se disent les uns aux autres les prêtres des différents cultes. Ne raisonnons pas comme eux ; attendons l'heure du réveil.

Sous un titre que Michelet a déjà lancé

dans la publicité, on pourrait faire un fort beau livre. Ce serait une concordance de la Bible, des Pourânas, des Védas, des livres d'Hermès, des hymnes d'Homère, des maximes de Confucius, du Coran, de Mahomet et même des Eddas, des Scandinaves. Cette compilation, dont le résultat serait certainement catholique, pourrait s'appeler légitimement la Bible de l'Humanité ; au lieu de faire ce travail, ce vieillard, trop galant et trop fleuri, l'a seulement indiqué et en a légèrement ébauché la préface.

La religion, dans son essence, n'a jamais changé, mais chaque âge, comme chaque nation, a ses préjugés et ses erreurs. Pendant les premiers siècles du christianisme on croyait que le monde allait finir et l'on dédaignait tout ce qui embellit la vie. Les sciences, les arts, le patriotisme, l'amour de la famille, tout, tombait dans l'oubli devant les rêves du ciel. Les uns couraient au martyre, les autres au désert, et l'empire tombait en ruines. Puis vint la folie des disputes théologiques et les chrétiens s'entr'égorgeaient pour des mots qu'ils n'entendaient pas. Au Moyen-Age la simplicité des Évangiles fit place aux arguties de l'école et les superstitions pullulèrent. A la Renaissance le matérialisme reparut, le grand principe de l'unité fut méconnu et le protestantisme sema, dans le monde, des églises de fantaisie. Les catholiques furent sans miséricorde et les protestants furent implacables.

Puis vint le sombre Jansénisme avec ses dogmes affreux, le Dieu qui sauve et damne par caprice, le culte de la tristesse et de la mort. La Révolution imposa ensuite la liberté par la terreur, l'égalité à coups de hache et la fraternité dans le sang. Il s'ensuivit une réaction lâche et perfide. Les intérêts menacés prirent le masque de la religion et le coffre-fort fit alliance avec la croix. C'est encore là que nous en sommes. Les anges gardiens du Sanctuaire sont remplacés par des zouaves et le royaume de Dieu, qui souffre violence dans le ciel, résiste à la violence sur la terre, non plus avec le détachement et les prières, mais avec de l'argent et des baïonnettes. Juifs et protestants grossissent le denier de saint Pierre. La religion n'est plus une chose de foi, c'est une affaire de parti.

Il est évident que le christianisme n'a pas encore été compris et qu'il réclame enfin sa place ; c'est pour cela que tout tombe et que tout tombera tant qu'il ne sera pas établi dans toute sa verité et dans toute sa puissance pour fixer l'équilibre du monde.

Les agitations que nous traversons n'ont donc rien qui trouble, elles sont le résultat du mouvement perpétuel qui renverse tout ce que les hommes veulent opposer aux lois de son éternelle balance.

Les lois qui gouvernent le monde régissent aussi les destinées de tous les individus humains : l'homme est né pour le repos, mais non pas pour l'oisiveté. Le repos pour lui c'est la conscience de son propre équilibre, mais il ne peut renoncer au mouvement perpétuel puisque le mouvement c'est la vie. Il faut le subir ou le diriger. Lorsqu'on le subit il vous brise, lorsqu'on le dirige il vous régénère. Il doit y avoir balance et non pas antagonisme entre l'esprit et le corps. Les soifs insatiables de l'âme sont aussi funestes que les appétits déréglés de la chair. La concupiscence, loin de se calmer, s'irrite par les privations insensées. Les souffrances du corps rendent l'âme triste et impuissante et elle n'est véritablement reine que quand les organes, ses sujets, sont parfaitement libres et apaisés.

Il y a balance et non pas antagonisme entre la grâce et la nature, puisque la grâce est la direction que Dieu donne lui-même à la nature. C'est par la grâce du Très-Haut que les printemps fleurissent, que les étés portent des épis, et les automnes des raisins. Pourquoi donc dédaignerions-nous les fleurs qui charment nos sens, le pain qui nous soutient, et le vin qui nous fortifie? Le Christ nous apprend à demander à Dieu le pain de chaque jour. Demandons lui aussi les roses de chaque printemps et les ombrages de chaque été. Demandons lui, pour chaque cœur au moins, une vraie amitié, et pour chaque existence un honnête et sincère amour.

Il y a balance et il ne doit jamais y avoir antagonisme entre l'homme et la femme. La loi d'union, entre eux, c'est le dévouement mutuel. La femme doit captiver l'homme par l'attrait, et l'homme émanciper la femme par l'intelligence. C'est là l'équilibre intelligent en dehors duquel on tombe dans l'égoïsme fatal.

A l'anéantissement de la femme par l'homme correspond l'avilissement de l'homme par la femme. Vous faites de la femme une chose qu'on achète, elle se surfait et elle vous ruine. Vous en faites une créature de chair et de fange, elle vous corrompt et elle vous salit.

Il y a balance et il ne saurait y avoir antagonisme réel entre l'ordre et la liberté, entre l'obéissance et la dignité humaine.

Personne n'a droit au pouvoir despotique et arbitraire. Non, personne, pas même Dieu. Personne n'est le maître absolu de personne. Le berger même n'est pas maître ainsi de son chien. La loi du monde intelligent c'est la tutelle; ceux qui doivent obéir n'obéissent que pour leur bien; on dirige leur volonté mais on la subjugue pas ; on peut engager sa volonté mais on ne l'aliène jamais.

Etre roi c'est se dévouer pour protéger les droits du roi contre ceux du peuple et plus le roi est puissant plus le peuple est véritablement libre. Car la liberté sans discipline et sans protection est la pire des servitudes. Elle devient alors l'anarchie qui est la tyrannie de tous dans le conflit des factions. La vraie liberté sociale c'est l'absolutisme de la justice.

La vie de l'homme est alternée ; tour à tour il veille et il dort plongé par le sommeil dans la vie collective et universelle ; il rêve son existence personnelle sans avoir conscience du temps et de l'espace. Rendu à la vie individuelle et responsable, à l'état de veille il rêve son existence collective et éternelle. Le rêve c'est la lueur dans la nuit. La foi aux mystères religieux c'est l'ombre qui apparaît au fond du jour.

L'éternité de l'homme est probablement alternée comme sa vie et doit se composer de veilles et de sommeils. Il rêve quand il croit vivre dans l'empire de la mort, il veille lorsqu'il continue son immortalité et se ressouvient de ses rêves.

Dieu, dit la Genèse, envoya le sommeil sur Adam et pendant qu'il dormait il tira de lui la *Chavah* afin de lui donner une auxiliaire semblable à lui — et Adam s'écria : Ceci est la chair de ma chair et les os de mes os.

N'oublions pas que dans le chapitre précédent l'auteur du livre sacré déclare qu'Adam avait été créé mâle et femelle ce qui exprime assez clairement qu'Adam n'est pas un individu isolé mais est pris pour l'humanité toute entière. Qu'est-ce donc que cette Chavah ou Héva qui sort de lui pendant son sommeil pour lui servir d'auxiliaire et qui doit plus tard le vouer à la mort? N'est-ce pas la même chose que la Maya des Indiens, le récipient corporel, la forme terrestre qui est l'auxiliaire et comme la forme de l'esprit mais qui se sépare de lui, dont il s'éveille ce que nous appelons la mort?

Quand l'esprit s'endort après un jour de la vie universelle, il produit de lui-même sa chavah; il pousse autour de lui sa chrysalide et ses existences dans le temps ne sont pour lui que des rêves qui le reposent des travaux de son éternité.

Il monte ainsi l'échelle des mondes pendant son sommeil seulement, jouissant pendant son éternité de tout ce qu'il acquiert de connaissances et de force nouvelle dans ces accouplements avec la Maya dont il doit se servir sans en devenir jamais l'esclave. Car la Maya triomphante jetterait sur son âme un voile que le réveil ne déchirerait plus et pour avoir caressé le cauchemar il serait exposé à se réveiller fou ce qui est le véritable mystère de la vie éternelle.

Quels êtres sont plus à plaindre que les fous et cependant pour la plupart ils ne sentent pas leur épouvantable malheur. Swedenborg a osé dire une chose qui pour être dangereuse ne nous en semble pas moins touchante. Il dit que les réprouvés prennent les horreurs de l'enfer pour des beautés, ses ténèbres pour des lumières et ses tourments pour des plaisirs. Ils sont comme ces suppliciés d'Orient qu'on enivre avec des narcotiques avant de les livrer aux bourreaux.

Dieu ne peut empêcher la peine d'atteindre les violateurs de sa loi, mais il trouve que c'est assez de la mort éternelle, et ne veut pas y joindre la douleur. Ne pouvant détourner le fouet des furies, il rend insensible les malheureux qu'elles vont frapper.

Nous ne saurions admettre cette idée de Swedenborg, parce que nous ne croyons qu'à la vie éternelle. Ces damnés idiots et hallucinés, se délectant dans les ombres infectes, et cueillant des champignons vénéneux qu'ils prennent pour des fleurs, nous semblent inutilement punis puisqu'ils n'ont pas conscience de leur châtiment. Cet enfer qui serait un hôpital de gâteux, est moins beau que celui du Dante, gouffre circulaire qui devient plus étroit à mesure qu'on y descend et qui finit, derrière les trois têtes du serpent symbolique, par un sentier étroit où il suffit de se retourner pour remonter vers la lumière.

La vie éternelle c'est le mouvement perpétuel et, pour nous, l'éternité ne peut être que l'infinité du temps.

Supposez que toute la félicité du ciel consiste à dire *Alelluia*, avec une palme dans la main et une couronne sur la tête, et, qu'après cinq cents millions d'alleluia ce sera toujours à recommencer (effrayant bonheur), mais, enfin, à chaque alleluia, on pourra assigner un nombre ; il y en aura un en avant, il y en aura un autre après ; il y aura succession, il y aura durée, ce sera le temps enfin, ce sera le temps, puisque cela commencera.

L'Éternité n'a ni commencement, ni fin.

Une chose est certaine, c'est que nous ne savons absolument rien des mystères de l'autre vie ; mais il est certain, aussi, qu'aucun de nous ne se souvient d'avoir commencé, et que l'idée de ne plus être, révolte, également en nous, le sentiment et la raison.

Jésus-Christ dit que les justes iront dans le ciel, et il appelle le ciel la maison de son père ; il assure que dans cette maison il y a d'innombrables demeures, ces demeures sont évidemment les étoiles. L'idée, ou, si l'on veut, l'hypothèse des existences renouvelées dans les astres, ne s'éloigne donc pas de la doctrine de Jésus-Christ. La vie des rêves est essentiellement distincte de la vie réelle, elle a ses paysages, ses amis et ses souvenirs, on y possède des facultés qui appartiennent sans doute à d'autres formes et à d'autres mondes.

On y revoit des êtres aimés qu'on a jamais connus sur cette terre ; on y retrouve vivants ceux qui sont morts, on se soutient en l'air, on marche sur l'eau comme cela peut arriver dans les milieux où la pesanteur des corps est moins grande, on y parle des langues inconnues et l'on y rencontre des êtres bizarrement organisés ; tout y est plein de réminiscences qui ne se rapportent pas à ce monde, ne serait-ce point des souvenirs vagues de nos existences précédentes ?

Est-ce le cerveau seul qui produit les songes ? mais, s'il les produit, qui donc les invente ? souvent ils nous épouvantent et nous fatiguent. Quel est le Callot ou le Goya qui compose les cauchemars ?

Souvent il nous semble que nous commettons des crimes, en rêve, et nous sommes heureux de n'avoir rien à nous reprocher quand vient l'heure du réveil. En serait-il de même pour nos existences voilées, pour nos sommeils sous une couverture de chair? Néron, s'éveillant en sursault, a-t-il pu s'écrier : Dieu soit loué ! je n'ai pas fait assassiner ma mère?

Et l'aura-t-il retrouvée vivante et souriante auprès de lui, prête à lui raconter, à son tour, ses crimes imaginaires et ses mauvais rêves.

La vie présente paraît souvent un rêve monstrueux, et n'est guère plus raisonnable que les visions du sommeil; souvent, on y voit ce qui ne devrait pas être, et ce qui devrait être, ne s'y fait pas. Il nous semble parfois que la nature extravague et que la raison se débat sous un Ephiaste effrayant. Les choses qui se passent en cette vie d'illusions et de vaines espérances, sont, certes, aussi insensées en comparaison de la vie éternelle que les visions du sommeil peuvent l'être comparées aux réalités de cette vie.

Nous ne nous reprochons pas au réveil les péchés commis en rêve, et, si ce sont des crimes, la société ne nous en demande pas compte, à moins, qu'en état de somnanbulisme, nous ne les ayons réalisés, comme si, par exemple, un somnambule, rêvant qu'il tue sa femme, lui portait, en effet, un coup mortel. C'est ainsi que nos erreurs de la terre peuvent avoir leur retentissement dans le ciel par suite d'une exaltation spéciale qui fait vivre l'homme dans l'éternité avant qu'il ait quitté la terre. Il est des actes de la vie présente qui peuvent troubler les régions de la sérénité éternelle. Il est des péchés qui, comme l'on dit vulgairement, font pleurer les anges. Ce sont les injustices des saints, ce sont les calomnies qu'ils font remonter jusqu'à l'Être suprême, lorsqu'ils le présentent comme le despote capricieux des esprits, et comme le tourmenteur infini des âmes. Quand saint Dominique et saint Pie V envoyaient des chrétiens dissidents au supplice, ces chrétiens, devenus martyrs et rentrant, par le droit du sang versé, dans la grande catholicité du ciel, étaient accueillis, sans doute, dans les rangs des esprits bienheureux avec des cris d'étonnement et de pitié, et les terribles somnambules de l'Inquisition n'auraient pas été excusés, en alléguant, devant le Juge suprême, les divagations de leur sommeil.

Fausser la conscience humaine, éteindre l'esprit et calomnier la raison, persécuter les sages, s'opposer aux progrès de la science, ce sont là les vrais péchés mortels, les péchés contre le Saint-Esprit, ceux qui ne peuvent être pardonnés ni dans ce monde, ni dans l'autre.

CHAPITRE X

LE MAGNÉTISME DU MAL

Un seul esprit remplit l'immensité. C'est celui de Dieu que rien ne limite ou ne partage, celui qui est tout entier partout sans être renfermé nulle part.

Les esprits créés ne peuvent vivre que sous des enveloppes proportionnelles à leur milieu qui réalisent leur action en la limitant et les empêchant d'être absorbés dans l'infini.

Jetez une goutte d'eau douce dans la mer, elle s'y perdra à moins qu'elle ne soit préservée par une enveloppe imperméable.

Il n'existe donc pas d'esprits sans enveloppe et sans forme ; ces formes sont relatives au milieu où ils vivent et dans notre atmosphère par exemple il ne peut exister d'autres esprits que ceux des hommes avec les corps que nous leur voyons et ceux des animaux dont nous ignorons encore la destinée et la nature.

Les astres ont-ils des âmes ? et la terre que nous habitons a-t-elle une conscience et une pensée qui lui soit propre ? Nous l'ignorons ; mais on ne peut convaincre d'erreur ceux qui ont voulu le supposer

On a expliqué ainsi certains phénomènes exceptionnnels par des manifestations spontanées de l'âme de la terre et comme on a remarqué souvent une sorte d'antagonisme dans ces manifestations, on en a conclu que l'âme de la terre est multiple qu'elle se révèle par quatre forces élémentaires qu'on peut résumer en deux et qui s'équilibrent par trois ce qui est une des solutions de la grande Enigme du Sphinx.

Suivant les hiérophantes anciens, la matière n'est que le *substratum* des esprits créés. Dieu ne la créé pas immédiatement. De Dieu emanent les puissances les Elohim qui constituent le ciel et la terre et suivant leur doctrine il faudrait entendre ainsi la premiére phrase de la Genèse : *Bereschith* la tête ou le premier principe, *Bara* créa, Elohim les puissances, *ouath aarés* qui sont ou qui font (sous entendu) le ciel et la terre. Nous avouons que cette traduction nous semble plus logique que celle qui donnerait un verbe *Bara* employé au singulier au nominatif pluriel *Elohim*.

Ces Elohim ou ces puissances seraient les grandes âmes des mondes dont les formes seraient la substance spécifiée dans leurs vertus élémentaires. Dieu pour créer un monde aurait lié ensemble quatre génies qui en se débattant auraient produit d'abord le chaos et qui forcés de se reposer après la lutte auraient formé l'harmonie des éléments ; ainsi la terre emprisonna le feu et se gonfla pour échapper aux envahissements de l'eau. L'air s'échappa des cavernes et enveloppa la terre et l'eau, mais le feu lutte toujours contre la terre et la ronge, l'eau envahit à son tour la terre et monte en nuages dans le ciel : l'air s'irrite et pour chasser les nuages il forme des courants et des tempêtes la grande loi de l'équilibre qui est la volonté de Dieu empêche que les combats ne détruisent les mondes avant le temps marqué pour leurs transfigurations.

Les mondes comme les Elohim sont liés ensemble par des chaînes magnétiques que leur révolte cherche à briser. Les soleils sont rivaux des soleils et les planètes s'exercent contre les planètes en opposant aux chaînes d'attraction une énergie égale de répulsion pour se défendre de l'absorption et conserver chacune son existence.

Ces forces colossales ont parfois pris une figure et se sont présentées sous l'apparence de géants : Ce sont les Eggrégores du livre d'Hénoch ; créatures terribles pour qui nous sommes ce que sont pour nous les infusoires ou les insectes microscopiques qui pullulent entre nos dents et sur notre épiderme. Les Eggrégores nous écrasent sans pitié parce qu'ils ignorent notre existence ; ils sont trop grands pour nous voir, et trop bornés pour nous deviner.

Ainsi s'expliquent les convulsions planétaires qui engloutissent des populations. Nous savons trop que Dieu ne sauve pas la mouche innocente, dont un cruel et stupide enfant arrache les pattes et les ailes, et que la providence n'intervient pas en faveur de la fourmilière dont un passant détruit et saccage les édifices à coups de pied.

Parce que les organes d'un ciron échappent à l'analyse de l'homme, l'homme se croit le droit de supposer que, devant la nature éternelle, son existence, à lui, est beaucoup plus précieuse que celle d'un ciron! Hélas! le Camoëns avait probablement plus de génie que l'eggrégore Adamastor; mais, le géant Adamastor, couronné de nuages, ayant les vagues pour ceinture, et les ouragans pour manteau, pouvait-il deviner les poésies du Camoëns?

L'huître, nous paraît bonne à manger, nous supposons qu'elle n'a pas conscience d'elle-même, que, par conséquent elle ne souffre pas, et, sans le moindre regret, nous la dévorons toute vivante. Nous jetons, tout vivants, l'écrevisse, le homard et la langouste dans l'eau bouillante parce que, étant cuits de cette façon, ils ont une chair plus ferme et un goût plus savoureux.

Par quelle loi terrible Dieu abandonne-t-il ainsi le faible au fort, et le petit au grand, sans que l'ogre ait, lui-même, l'idée des tortures qu'il fait subir à l'être chétif qu'il dévore ?

Et, qui nous assure que quelqu'un prendra notre défense contre les êtres plus forts et aussi avides que nous ? Les astres agissent et réagissent les uns sur les autres ; leur équilibre est formé par des liens d'amour et des efforts de haine. Parfois, la résistance d'une étoile se brise, et elle est attirée vers un soleil qui la dévore ; parfois, une autre sent sa force d'attraction expirer en elle et elle est lancée hors de son orbite par le tournoiement des univers. Des astres amoureux se rapprochent et enfantent de nouvelles étoiles. L'espace infini est la grande cité des soleils ; ils tiennent conseil entre eux et s'adressent, réciproquement, des télégrammes de lumière. Il y a des étoiles qui sont sœurs, il y en a d'autres qui sont rivales. Les âmes des astres, enchaînées par la nécessité de leur course régulière, peuvent exercer leur liberté en diversifiant leurs effluves. Quand la terre est méchante, elle rend les hommes furieux et déchaîne les fléaux à sa surface ; elle envoie alors aux planètes qu'elle n'aime pas, un magnétisme empoisonné, mais, elles, se vengent, en lui envoyant la guerre. Vénus déverse sur elle de venin des mauvaises mœurs ; Jupiter excite les rois les uns contre les autres ; Mercure déchaîne contre les hommes les serpents de son caducée, la lune les rend fous et Saturne les pousse au désespoir. Ces amours et ces colères des étoiles sont la base de toute l'astrologie, maintenant, peut-être, trop dédaignée. L'analyse spectrale de Bunsen n'a-t-elle pas prouvé, tout récemment, que chaque astre a son aimantation déterminée par une base métallique spéciale et particulière, et qu'il y a, dans le ciel, des échelles d'attraction comme des gammes de couleurs ? Il peut donc exister aussi, et il existe certainement, entre les globes célestes, des influences magnétiques qui obéissent, peut-être, à la volonté de ces globes si on les suppose doués d'intelligence ou dominés par des génies que les anciens nommaient les veilleurs du ciel ou les Eggrégores.

L'étude de la nature nous fait constater des contradictions qui nous étonnent. Partout, nous rencontrons les preuves d'une intelligence infinie, mais, souvent aussi, nous avons à reconnaitre l'action de forces parfaitement aveugles. Les fléaux sont des désordres qu'on ne peut attribuer au principe de l'ordre éternel. Les pestes, les inondations, les famines, ne sont pas des ordres de Dieu. Les attribuer au diable, c'est-à-dire à un ange damné dont Dieu permet la mauvaise œuvre, c'est supposer un Dieu hypocrite qui se cache, pour mal faire, derrière un gérant responsable, taré. D'où viennent donc ces désordres? De l'erreur des causes secondes. Mais si les causes secondes sont capables d'erreur, c'est qu'elles sont intelligentes et autonomes, et nous voici en plein dans la doctrine des Eggrégores.

Suivant cette doctrine les astres n'auraient cure des parasites qui pullulent sur leur épiderme et s'occuperaient uniquement de leurs haines et de leurs amours. Notre soleil, dont les tâches sont un commencement de refroidisssement, est entraîné lentement, mais fatalement, vers la constellation d'Hercule. Un jour il manquera de lumière et de chaleur car les astres vieillissent et doivent mourir comme nous. Il n'aura plus alors la force de repousser les planètes qui iront, avec impétuosité, se briser sur lui et ce sera la fin de notre univers. Mais un nouvel univers se formera avec les débris de celui-ci. Une nouvelle création sortira du chaos et nous renaîtrons, dans une espèce nouvelle, capables de lutter avec plus d'avantage contre la stupide grandeur des Eggrégores, et il en sera ainsi jusqu'à ce que le grand Adam soit reconstitué. Cet esprit des esprits, cette forme des formes, ce géant collectif qui résument la création tout entière. Cet Adam qui, suivant les kabbalistes, cache le soleil derrière son talon, cache des étoiles dans les touffes de sa barbe, et, lorsqu'il veut marcher, touche, d'un pied, l'Orient, et de l'autre l'Occident.

Les Eggrégores sont les Enacim de la Bible ou plutôt, suivant le livre d'Hénoch, ils en sont les pères. Ce sont les Titans de la Fable et on les retrouve dans toutes les traditions religieuses.

Ce sont eux qui en se battant lancent les aérolithes dans l'espace, voyagent à cheval sur les comètes et font pleuvoir des étoiles filantes et des bolides enflammés. L'air devient malsain, les eaux se corrompent, la terre tremble et les volcans éclatent avec fureur lorsqu'ils sont irrités ou malades. Parfois pendant les nuits d'été, les habitants attardés des vallées du midi voient avec épouvante la forme colossale d'un homme immobile qui est assis sur le plateau des montagnes et qui baigne ses pieds dans quelque lac solitaire ; ils passent en faisant le signe de la croix et s'imaginent avoir vu Satan lorsqu'ils ont rencontré seulement l'ombre pensive d'un éggrégore.

Ces éggrégores s'il fallait admettre leur existence seraient les agents plastiques de Dieu, les rouages vivants de la machine créatrice, multiformes comme Protée mais enchaînés toujours à leur matière élémentaire. Ils sauraient les secrets que l'immensité nous dérobe mais seraient ignorants des choses que nous savons. Les évocations de la magie ancienne s'adressent à eux et les noms bizarres que leur donnait la Perse ou la Chaldée sont encore conservés dans les anciens grimoires.

Les Arabes, poétiques conservateurs des traditions primitives de l'Orient, croient encore à ces gigantesques génies. Il en est des blancs et des noirs, les noirs sont malsains et se nomment les Afrites. Mahomet a conservé ces génies et en fait des anges si grands que le vent de leurs ailes balayent les mondes dans l'espace. Nous avouons ne pas aimer cette multitude infinie d'êtres intermédiaires qui nous cachent Dieu et semblent le rendre inutile. Si la chaîne des esprits grossit toujours ses anneaux en remontant vers Dieu, nous ne voyons pas de raisons pour quelle s'arrête car elle progressera toujours dans l'infini sans jamais pouvoir le toucher. Nous avons des milliards de dieux à vaincre ou à fléchir sans pouvoir jamais arriver à la liberté et à la paix. C'est pourquoi nous rejetons définitivement et absolument la mythologie des eggrégores.

Ici nous respirons longuement et nous nous essuyons le front comme un homme qui se réveille après un rêve pénible. Nous contemplons le ciel plein d'astres mais vide de fantômes et avec un indicible soulagement de cœur nous répétons à pleine voix ces premières paroles du symbole de Nicée : *Credo in unum Deum*.

Tombant avec les eggrégores et les Afrites, Satan flamboie un instant dans le ciel et disparaît comme un éclair. *Videbam Satanam sicut fulgures (ou fulgur) de cœlo cadentem*.

Les géants de la bible ont été ensevelis par le déluge. Les Titans de la Fable ont été écrasés sous les montagnes qu'ils avaient entassées. Jupiter n'est plus qu'une étoile et toute la fantasmagorie gigantesque de l'ancien monde n'est plus qu'un colossal éclat de rire qui se nomme Gargantua dans Rabelais.

Dieu même ne veut plus qu'on le représente

sous la forme d'un monstrueux panthée. Il est le père des proportions et de l'harmonie et repousse les énormités. Ses hiéroglyphes favoris sont les blanches et douces figures de l'agneau et de la colombe et il se présente à nous dans les bras d'une mère sous la forme d'un petit enfant. Combien le symbolisme catholique est adorable et combien d'abominables prêtres l'ont méconnu.

Vous figurez-vous la colombe de l'esprit d'amour planant sur la fumée grasse des auto-da-fés, et la vierge mère regardant brûler des juives ! Voyez-vous de malheureux jeunes gens tomber sous les balles des zouaves de l'enfant Jésus et des canons rayés qu'on braque autour du trésor des indulgences ! Mais qui peut sonder les secrets de la providence ! Peut-être que par cette aberration du pouvoir militaire tous les dissidents sont absous et que le péché du pasteur devient l'innocence du monde !

Le pape, d'ailleurs, n'est-il pas un saint prêtre et ne croit-il pas faire son devoir dans toute la sincérité de son cœur ? Qui donc est le coupable? — Le coupable, c'est l'esprit de contradiction et d'erreur, c'est l'esprit de mensonge qui a été homicide dès le commencement, c'est le tentateur, c'est le diable, c'est le magnétisme du mal.

Le magnétisme du mal, c'est le courant fatal des habitudes perverses, c'est la synthèse hybride de tous les insectes voraces et rusés que l'homme emprunte aux animaux les plus malfaisants et c'est bien dans ce sens philosophique que le symbolisme du Moyen-Age a personnifié le démon.

Il a des cornes de bouc ou de taureau, des yeux de hibou, un nez en bec de vautour, une gueule de tigre, des ailes de chauve-souris, des griffes de harpie et un ventre d'hyppopotame. Quelle figure pour un ange même déchu, et qu'il y a loin de là au superbe roi des enfers rêvé par le génie de Milton!

Mais le satan de Milton ne représente autre chose que le génie révolutionnaire des Anglais sous un Cromwel et le vrai diable est toujours celui des cathédrales et des légendes.

Il est adroit comme le singe, insinuant

comme le reptile, rusé comme le renard, enjoué comme le jeune chat, lâche comme le loup ou le chacal.

Il est rampant et flatteur comme le valet, ingrat comme un roi et vindicatif comme un mauvais prêtre, inconscient et perfide comme une femme galante.

C'est un protée qui prend toutes les formes, excepté celle de l'agneau et de la colombe, disent les vieux grimoires. Tantôt, c'est un petit page fripon qui porte la queue d'une grande dame ; tantôt, un théologien fourré d'hermine ou un chevalier bardé de fer. Le conseiller du mal se glisse partout, il se cache même dans le sein des roses. Parfois, sous une chape de chantre ou d'évêque, il promène sa queue mal dissimulée le long des dalles d'une église, il se cramponne aux cordelettes de la discipline des nonnes et s'applatit entre les pages des bréviaires. Il hurle dans la bourse vide du pauvre, et, par le trou de la serrure des coffres-forts, il appelle tout bas les voleurs. Son caractère essentiel et ineffaçable c'est d'être toujours ridicule, car, dans l'ordre moral, il est la bête et sera toujours la bêtise. On a beau ruser, combiner, calculer, mal faire. c'est manquer d'esprit.

Son habitude, disent les sorciers, c'est de demander toujours quelque chose; il se contente d'un chiffon, d'une savate, d'un brin de paille. Qui ne comprend ici l'allégorie ? Accorder au mal la moindre chose, n'est-ce pas pactiser avec lui ? L'appeler, ne fut-ce que par curiosité, n'est-ce pas lui livrer notre âme ? Toute cette mythologie diabolique des légendaires est pleine de philosophie et de raison. L'orgueil, l'avarice, l'envie, ne sont pas, par eux-mêmes, des personnages ; mais ils se personnifient souvent dans les hommes, et, ceux qui arrivent à voir le diable, se mirent dans leur propre laideur.

Le diable n'a jamais été beau ; ce n'est pas un ange déchu, il est damné de naissance, et Dieu ne lui pardonnera jamais, car, pour Dieu, il n'existe pas. Il existe comme nos erreurs, il est le vice, il est la maladie, il est la peur, il est la démence et le mensonge, il est la fièvre d'hopital des limbes où languissent les âmes malades. Jamais il n'est entré dans les régions sereines du ciel, et ne saurait, par conséquent, en être tombé.

Arrière donc le dualisme impie des Manichéens, arrière, ce compétiteur de Dieu, toujours puissant quoique foudroyé, et qui lui dispute le monde. Arrière ce valet séducteur des enfants de son maître, qui a forcé Dieu, lui-même, à subir la mort pour racheter les hommes dont l'ange rebelle avait fait ses esclaves, et à qui Dieu abandonne, néanmoins encore, la majorité de ceux qu'il a voulu racheter par un si inconcevable sacrifice. A bas le dernier, le plus monstrueux des eggrégores. Gloire et triomphe éternel à Dieu seul!

Eternel honneur, toutefois, au dogme sublime de la Rédemption; respect à toutes les traditions de l'Église universelle; vive le symbolisme antique! Mais Dieu nous garde de le matérialiser en prenant des entités métaphysiques pour des personnages réels, et des allégories pour des histoires!

Les enfants aiment à croire aux ogres et aux fées; et les multitudes ont besoin de mensonge, je le sais, je m'en rapporte là-dessus aux nourrices et aux prêtres. Mais j'écris un livre de philosophie occulte qui ne doit être lu ni par les enfants, ni par les gens faibles d'esprit.

Il est des gens à qui le monde paraîtrait vide s'il n'était peuplé de chimères.

L'immensité du ciel les ennuierait si elle n'était peuplée de farfadets et de démons. Ces grands enfants nous rappellent la fable du bon La Fontaine qui croyait voir un mastodonte dans la lune et qui regardait une souris cachée entre les verres de la lunette. Nous avons tous, en nous, notre tentateur ou notre diable qui naît de notre tempérament ou de nos humeurs. Pour les uns, c'est un dindon qui fait la roue ; pour d'autres, c'est un singe qui grince des dents. C'est le côté bête de notre humanité, c'est le repoussoir ténébreux de notre âme, c'est la férocité des instincts animaux exagérée par la vanité des pensées étroites et fausses, c'est l'amour du mensonge, enfin, dans les esprits, qui, par lâcheté ou par indifférence, désespèrent de la vérité.

Les possédés du démon sont en si grand nombre, qu'ils composent ce que Jésus-Christ appelait le monde, et c'est pourquoi il disait à ses apôtres : « Le monde vous fera mourir ». Le diable tue ceux qui lui résistent, et, consacrer son existence au triomphe de la vérité et de la justice, c'est faire le sacrifice de sa vie. Dans la cité des méchants, c'est le vice qui règne et c'est l'intérêt du vice qui gouverne. Le juste est condamné d'avance, on n'a pas besoin de le juger ; mais la vie éternelle appartient aux hommes de cœur qui savent souffrir et mourir. Jésus, qui passait en faisant le bien, savait qu'il marchait à la mort et disait à ses amis : « Voici que nous allons à Jérusalem où le fils de l'homme doit être livré au dernier supplice. Je fais l'offrande de ma vie ; personne ne me la prend ; je la dépose pour la reprendre. Si quelqu'un veut m'imiter, qu'il accepte d'avance la croix des malfaiteurs et qu'il marche sur nos traces. Vous tous qui me voyez, maintenant, bientôt vous ne me verrez plus ». Veut-il donc se tuer, disaient les juifs en l'entendant parler ainsi. Mais se faire tuer par les autres, ce n'est pas se tuer soi-même. Les héros des Thermopyles savaient bien qu'ils mourraient là jusqu'au dernier, et leur glorieux combat ne fut certainement pas un suicide.

Le sacrifice de soi-même n'est jamais le suicide; et Curtius, si son histoire n'est pas fabuleuse, Curtius n'est pas un suicidé. Régulus, retournant à Carthage, accomplissait-il un suicide? Socrate, se suicidait-il, lorsqu'il refusait de s'évader de prison après son arrêt de mort? Caton, se déchirant les entrailles plutôt que de subir la démence de César, est un républicain sublime. Le soldat blessé, qui, tombé sur le champ de bataille et n'ayant plus pour toute arme que sa baïonnette, lorsqu'on lui dit : rends tes armes, se plonge cette baïonnette dans le cœur en disant : « Viens les prendre », n'est pas un homme qui se suicide, c'est un héros qui est fidèle à son serment de vaincre ou de mourir. M. de Beaurepaire, se brûlant la cervelle plutôt que de souscrire une capitulation honteuse, ne se suicide pas ; il se sacrifie à l'honneur !

Lorsqu'on ne pactise point avec le mal, on ne doit pas le craindre ; mais lorsqu'on ne craint pas le mal, on ne doit pas craindre la mort : elle n'a d'empire terrible que sur le mal. La mort noire, la mort affreuse, la mort pleine d'angoisses et d'épouvante, est la fille du diable. Ils se sont promis de mourir ensemble ; mais, comme ils sont menteurs, ils se donnent réciproquement pour éternels.

Nous disions tout à l'heure que le diable est ridicule, et, dans notre *histoire de la Magie*, nous déclarions qu'il ne nous fait pas rire ; et, en effet, on ne s'amuse pas du ridicule lorsqu'il est hideux, et, lorsqu'on a l'amour du bien on ne saurait rire du mal.

Le véhicule fluidique, astral, représenté dans toutes les mythologies par le serpent, c'est le tentateur naturel de la Chavah ou de la forme matérielle, ce serpent était innocent comme tous les êtres avant le péché d'Ève et d'Adam. Le diable est né de la première désobéissance et il est devenu cette tête de serpent que le pied de la femme doit écraser.

Le serpent, symbole du grand agent fluidique, peut être un signe sacré lorsqu'il représente le magnétisme du bien, comme le serpent d'airain de Moyse. Il y a deux serpents au caducée d'Hermès.

Le fluide magnétique est soumis à la volonté des esprits qui peuvent l'attirer ou le projeter avec des forces différentes, suivant leur degré d'exaltation ou d'équilibre.

On l'a appelé le porte-lumière ou le *Lucifer* parce qu'il est l'agent distributeur et spécialisateur de la lumière astrale.

On l'appelle aussi l'ange des ténèbres parce, qu'il est le messager des pensées obscures comme des pensées lumineuses, et les Hébreux qui le nomment Samaël, disent qu'il est double et qu'il y a le Samaël blanc et le Samaël noir, le Samaël israélite et le Samaël incirconcis.

L'allégorie, ici, est évidente. Certes, nous croyons, comme les chrétiens, à l'immortalité de l'âme ; comme tous les peuples civilisés, nous croyons à des peines et à des récompenses, proportionnelles à nos œuvres. Nous croyons que les esprits peuvent être malheureux et tourmentés dans l'autre vie, nous admettons donc l'existence possible des réprouvés.

Nous croyons que les chaînes de sympathie ne sont pas rompues, mais, sont au contraire, rendues plus étroites par la mort. Mais cela existe seulement entre les justes. Les méchants ne peuvent communiquer entre eux que par des effluves de haine.

Le magnétisme du mal peut donc recevoir aussi des impressions d'outre-tombe, mais seulement par les aspirations perverses des vivants, les morts que Dieu punit n'ayant plus ni le pouvoir, ni la volonté efficace de mal faire. Sous la main de la justice de Dieu on ne pèche plus, on expie.

Ce que nous nions, c'est l'existence d'un puissant génie, d'une espèce de Dieu noir, d'un monarque sombre ayant le pouvoir de mal faire après que Dieu l'a réprouvé. Le roi Satan est pour nous une fiction impie malgré tout ce qu'elle peut présenter dans le poème de Milton, de poésie et de grandeur. Le plus coupable des esprits déchus doit être tombé plus bas que les autres et plus que les autres enchaîné par la justice de Dieu. Le bagne sans doute a ses rois qui exercent encore une certaine influence sur le monde criminel mais cela tient à l'insuffisance des moyens de surveillance ou de répression employés par la justice humaine et l'on ne trompe pas la justice de Dieu.

Au livre apocryphe d'Enoch on lit que ces eggrégores noirs se sont incarnés pour séduire les filles de la terre et faisaient naître les géants. Les véritables eggrégores, c'est-à-dire les veilleurs de nuit, auxquels nous aimons à croire, ce sont les astres du ciel avec leurs yeux toujours étincelants. Ce sont les anges qui gouvernent les étoiles et qui sont comme des pasteurs pour les âmes qui les habitent. Nous aimons à penser aussi que chaque peuple a son ange protecteur ou son génie qui peut être celui d'une des planètes de notre système. Ainsi, suivant les poétiques traditions de la Kabbale Mikaël, l'ange du soleil est celui du peuple de Dieu. Gabriel, l'ange de la lune, protège les peuples d'Orient qui portent le croissant sur leur drapeau. Mars et Vénus gouvernent ensemble la France. Mercure est le génie de la Hollande et de l'Angleterre. Saturne le génie de la Russie. Tout cela est possible quoique douteux et peut servir aux hypothèses de l'astrologie ou aux fictions de l'épopée.

Le règne de Dieu est un gouvernement admirable où tout subsiste par la hiérarchie et où l'anarchie se détruit d'elle-même. S'il existe dans son empire des prisons pour les esprits coupables Dieu seul en est le maître et les fait sans doute gouverner par des anges sévères et bons. Il n'est pas permis aux condamnés de s'y torturer les uns les autres. Dieu serait-il moins sage et moins bon que les hommes. Et que dirait-on d'un prince de la terre qui choisirait un brigand de la pire espèce pour directeur de ses prisons en lui permettant très-souvent de sortir pour continuer ses crimes et donner aux honnêtes gens d'affreux exemples et de pernicieux conseils.

CHAPITRE XI

L'AMOUR FATAL

Les animaux sont soumis par la Nature à un état phénoménal qui les pousse invinciblement à la reproduction et que l'on nomme le rut. L'homme seul est capable d'un sentiment sublime qui lui fait choisir sa compagne et qui tempère par le dévouement le plus absolu les âpretés du désir. Ce sentiment se nomme l'amour. Chez les animaux le mâle se rue indistinctement sur toutes les femelles et les femelles se soumettent à tous les mâles. L'homme est fait pour aimer une seule femme et la femme digne de respect se conserve pour un seul homme.

Chez l'homme comme chez la femme l'entraînement des sens ne mérite pas le nom d'amour, c'est quelque chose de semblable au rut des animaux. Les libertins et les libertines sont des brutes.

L'amour donne à l'âme humaine l'intuition de l'absolu parce que lui-même il est absolu ou il n'est pas. L'amour qui se réveille dans une grande âme, c'est l'éternité qui se révèle.

Dans la femme qu'il aime l'homme voit et adore la divinité maternelle et il donne à jamais son cœur à la vierge qu'il aspire à décorer de la dignité de mère.

La femme dans l'homme qu'elle aime adore la divinité féconde qui doit créer en elle l'objet de tous ses vœux, le but de sa vie, la couronne de toutes ses ambitions : l'enfant !

Ces deux âmes alors n'en font plus qu'une qui doit se compléter par une troisième. C'est l'homme unique en trois amours comme Dieu est en trois personnes.

Notre intelligence est faite pour la vérité et notre cœur pour l'amour. C'est pour cela que saint Augustin dit avec raison en s'adressant à Dieu : Tu nous as fait pour toi, Seigneur et notre cœur est tourmenté jusqu'à ce qu'il ait trouvé son repos en toi. Or Dieu qui est infini ne peut être aimé de l'homme que par intermédiaire. Il se fait aimer par l'homme dans la femme et dans l'homme par la femme. C'est pourquoi l'honneur et le bonheur d'être aimés nous imposent une grandeur et une bonté divine.

Aimer c'est percevoir l'infini dans le fini. C'est avoir trouvé Dieu dans la créature. Etre aimé c'est représenter Dieu, c'est être son plénipotentiaire près d'une âme pour lui donner le paradis sur la terre.

Les âmes vivent de vérité et d'amour, sans amour et sans vérité elles souffrent et dépérissent comme des corps privés de lumière et de chaleur.

Qu'est-ce que la vérité? demandait dédaigneusement à Jésus-Christ le représentant de Tibère et Tibère lui-même eut pu demander avec un dédain plus insolent et une ironie plus amère : Qu'est-ce que l'amour ?

La fureur de ne pouvoir rien comprendre et rien croire, la rage de ne pouvoir aimer, voilà le véritable enfer et combien d'hommes, combien de femmes sont livrés dès cette vie aux tortures de cet épouvantable damnation ?

De là les fureurs passionnées pour le mensonge ; de là ces mensonges d'amour qui livrent l'âme aux fatalités de la démence. Le besoin de savoir toujours désespéré par l'inconnu et le besoin d'aimer toujours trahi par l'impuissance du cœur.

Don Juan va de crime en crime à la poursuite de l'amour et finit par mourir étouffé dans les étreintes d'un spectre de pierre. Faust désespéré du néant de la science sans foi cherche des distractions et ne trouve que des remords après avoir perdu la trop crédule Marguerite ; Marguerite pourtant le sauvera car elle, la pauvre innocente enfant, elle a véritablement aimé et Dieu ne peut vouloir qu'elle soit à jamais séparée de celui qu'elle adore.

Voulez-vous pénétrer les secrets de l'amour ? Etudiez les mystères de la jalousie. La jalousie est inséparable de l'amour parce que l'amour est une préférence absolue qui exige la réciprocité, mais il ne peut exister sans une confiance absolue que la jalousie vulgaire tend naturellement à détruire. C'est que la jalousie vulgaire est un sentiment égoïste dont le résultat le plus ordinaire est de substituer la haine à la tendresse. C'est une secrète calomnie de l'objet aimé, c'est un doute qui l'outrage, c'est souvent une fureur qui porte à le maltraiter et à le détruire.

Jugez aussi l'amour d'après ses œuvres, s'il élève l'âme, il inspire le dévouement et les actions héroïques, s'il est jaloux seulement de la perfection et du bonheur de l'être aimé, s'il est capable de se sacrifier à l'honneur et au repos de ce qu'il aime c'est un sentiment immortel et sublime ; mais s'il brise le courage, s'il énerve la volonté, s'il abaisse les aspirations, s'il fait méconnaître le devoir, c'est une passion fatale et il faut la vaincre ou périr.

Quand l'amour est pur, absolu, divin, sublime, il est lui-même le plus saint de tous les devoirs, Nous admirons Roméo et Juliette malgré tous les préjugés et toutes les fureurs des Capulets et des Montaigus et nous ne pensons pas que les haines de leurs familles devaient séparer à jamais Pirame de Thisbé. Mais nous admirons aussi Chimène sollicitant la mort du Cid pour venger celle de son père parce que Chimène en sacrifiant l'amour se rend digne de l'amour même, elle sent bien que si elle trahissait son devoir Rodrigue ne l'estimerait plus. Entre la mort de son amant et l'avilissement de son amour l'héroïne ne saurait hésiter et elle justifie cette grande parole de Salomon que l'amour est plus inflexible que l'enfer?

Le véritable amour c'est la révélation éclatante de l'immortalité de l'âme, son idéal pour l'homme c'est la pureté sans tâche et pour la femme, la générosité sans défaillance il est jaloux de l'intégrité de cet idéal et cette jalousie si noble doit s'appeler la Zélatypie ou le type du Zèle. Le rêve éternel de l'amour c'est la mère immaculée et le dogme récemment défini par l'Eglise emprunté au Cantique des cantiques n'a pas eu d'autre révélateur que l'amour.

L'impureté c'est la promiscuité des désirs, l'homme qui désire toutes les femmes, la femme qui aime les désirs de tous les hommes ne connaissent pas l'amour et sont indignes de le connaître. La coquetterie est la débauche de la vanité féminine ; son nom même est emprunté à quelque chose de bestial et rappelle les démarches provocatrices des poules qui veulent attirer l'attention du coq. Il est permis à la femme d'être belle, mais elle ne doit être désireuse de plaire qu'à celui qu'elle aime ou qu'elle pourra un jour aimer.

L'intégrité de la pudeur de la femme est spécialement l'idéal des hommes et c'est le sujet de leur jalousie légitime. La délicatesse et la magnanimité chez l'homme est le rêve spécial de la femme et c'est dans cette idéal qu'elle trouve le stimulant ou le désespoir de son amour.

Le mariage c'est l'amour légitime. Un mariage de convenance c'est un mariage de désespoir. Un mâle et une femelle de l'espèce humaine conviennent d'avoir ensemble des petits sous la protection de la loi, s'ils n'ont encore aimé ni l'un ni l'autre on peut espérer de l'amour qu'il viendra avec l'intimité et la famille, mais l'amour n'obéit pas toujours aux convenances sociales et celui qui se marie sans amour épouse souvent une probabilité d'adultère.

La femme qui aime et qui épouse l'homme qu'elle n'aime pas, fait un acte contre nature. Julie de Volmar est inexcusable, et son mari un personnage impossible, même dans le roman ; Saint-Preux devrait mépriser ce couple impossible. Une fille qui s'est donnée et qui se reprend, déshonore son premier amour ; on convient tacitement qu'elle a donné des arrhes à l'adultère. Il est un être devant qui, une femme digne de ce nom, ne doit jamais se résigner à rougir, c'est l'homme qu'elle a trouvé digne de son premier amour.

Nous comprenons qu'un homme de cœur épouse et réhabilite ainsi une honnête fille qui a été séduite, puis abandonnée, mais, qu'une fille se livre quand elle ne s'appartient plus, et cela, sous le prétexte que le baron d'Etange menace de la tuer, ou bien, parce que sa fille suppose que, si elle ne lui obéit pas, son père en mourra, nous déclarons qu'ici l'indélicatesse de cœur se justifie mal par la lâcheté ou par la sensibilité niaise. Un père qui parle de tuer sa fille ou de mourir, si elle agit convenablement ou noblement, n'est plus un père, c'est un égoïste féroce dans son despotisme qu'on a droit de blâmer ou de fuir. En somme, la Julie de Rousseau est une fille prétendue honnête qui trahit, à la fois, deux hommes. Son père est un proxénète qui déshonore, à la fois, sa fille et son ami; Volmar est un lâche, et Saint-Preux, un niais. Lorsqu'il a su que Julie était mariée, il ne devait plus la revoir.

Epouser une femme qui s'est donnée à un autre et que cet autre n'a pas abandonnée, c'est épouser la femme d'un autre, mariage nul devant la nature et devant la dignité humaine. C'est ce que Rousseau n'a pas compris. J'admets le mariage d'aventure des héroïnes d'Henri Murger qui font de la vie une farce de carnaval; je n'admets pas celui de Julie qui affiche la prétention de prendre l'amour au sérieux. Être, ou n'être pas, voilà la question, comme dit Hamlet ; or, la virtualité de l'être humain est dans sa pensée et dans son amour.

Abjurer sa pensée publiquement sans être convaincu qu'elle est fausse, c'est l'apostasie de l'esprit ; abjurer l'amour lorsqu'on sent qu'il existe, voilà l'apostasie du cœur.

Les amours qui changent sont des caprices qui passent ; et celles dont on doit rougir sont des fatalités dont il faut secouer le joug.

Homère, en nous montrant Ulysse vainqueur des pièges de Calypso et de la Circé, se faisant lier au mât de son vaisseau pour entendre, sans leur céder, les chants délicieux des sirènes, est le vrai modèle du sage échappant aux déceptions de l'amour fatal. Ulysse se doit tout à Pénélope qui se conserve pour Ulysse, et le lit nuptial du roi d'Ithaque, ayant pour colonnes des arbres éternels qui tiennent à la terre par leurs puissantes racines, est, dans l'antiquité, parfois un peu licencieuse, le monument symbolique du vénérable et chaste amour.

L'amour véritable est une passion invincible motivée par un sentiment juste, jamais il ne peut être en contradiction avec le devoir parce qu'il devient lui-même le devoir le plus absolu, mais la passion injuste constitue l'amour fatal et c'est à celui-ci qu'il faut résister dût-on en souffrir ou en mourir.

On pourrait dire que l'amour fatal est le prince des démons, car c'est le magnétisme du mal armé de toute sa puissance, rien ne peut limiter ou désarmer ses fureurs. C'est une fièvre, c'est une démence, c'est une rage. Il faut se sentir brûler lentement, comme la torche d'Athéo, sans que personne ait pitié de vous. Les souvenirs vous torturent, les désirs trompés vous désespèrent, on savoure la mort, et l'on aime souvent, mieux encore, souffrir et aimer que mourir. Quel remède à cette maladie ? Comment gérir des morsures de cette flèche empoisonnée ?

Qui nous ramènera des aberrations de cette folie ?

Pour guérir de l'amour fatal il faut rompre la chaîne magnétique en se précipitant dans un autre courant et en neutralisant une électricité par une électricité contraire.

Éloignez-vous de la personne aimée ; ne gardez rien qui vous la rappelle ; quittez même ceux de vos vêtements qu'elle a pu vous voir. Imposez-vous des occupations fatigantes et multipliées, ne soyez jamais oisif, ni rêveur ; brisez-vous de fatigue pendant le jour pour dormir profondément la nuit ; cherchez une ambition ou un intérêt à satisfaire, et, pour les trouver, montez plus haut que votre amour. Ainsi vous arriverez à la tranquilité, sinon à l'oubli. Ce qu'il faut éviter surtout c'est la solitude, nourrice des attendrissements et des rêves, à moins qu'on se sente attiré vers la dévotion, comme Louise de la Vallière et M. de Rancé, et qu'on ne cherche, dans les supplices volontaires du corps, l'adoucissement des peines de l'âme.

Ce qu'il faut penser, surtout, c'est que l'absolu dans les sentiments humains, est un idéal qui ne se réalise jamais, ici-bas ; que toute beauté s'altère, et que toute vie s'épuise ; que tout passe, enfin, avec une rapidité qui tient du prestige ; que la belle Hélène est devenue une vieille tête édentée, puis, un peu de poussière, puis, rien.

Tout amour qu'on ne peut pas et qu'on ne doit pas avouer, est un amour fatal. En dehors des lois de la nature et de la société, il n'y a rien de légitime dans les passions, et il faut les condamner au néant dès leur naissance en les étouffant sous cet axiome : *Ce qui ne doit pas être, n'est pas.* Rien n'excusera jamais ni l'inceste, ni l'adultère. Ce sont des hontes dont les oreilles chastes craignent le nom et dont les âmes simples et pures ne doivent pas admettre l'existence. Les actes, que la raison ne justifie pas, ne sont pas des actes humains, c'est de la bestialité et de la folie. Ce sont des chûtes après lesquelles il faut se relever et s'essuyer pour n'en pas garder les souillures, ce sont des turpitudes que la décence doit cacher et que la morale, épurée par le souffle magnétique, ne saurait admettre même pour les punir. Voyez Jésus, en présence de la femme surprise en adultère, il n'écoute pas ceux qui l'accusent, il ne la regarde pas afin de ne pas voir sa rougeur et, quand on l'importune en le pressant de la juger, il reprend par cette grande parole qui serait la suppression de toute pénalité imposée par la justice humaine si elle ne voulait pas dire que certains actes doivent rester inconnus et comme impossibles devant la pudeur de la loi : *Relevez-vous et désormais tâchez de ne plus tomber.*

Voilà ce que le maître sublime trouve à dire à la malheureuse dont il a refusé d'écouter les accusateurs.

Jésus n'admet pas l'adultère ; il le nomme fornication et, pour tout châtiment, il autorise l'homme à renvoyer celle qui fut sa femme.

La femme, de son côté, a le droit de quitter un mari qui la trompe. Alors, si elle n'a pas d'enfants, elle redevient libre devant la Nature. Mais, si elle est mère, elle perd ses droits sur les enfants de son mari à moins qu'il ne soit notoirement infâme. En renonçant à lui, elle renonce à ses enfants ; et, si elle ne se sent pas le triste courage de les abandonner et d'être flétrie à leurs yeux, il faut qu'elle se résigne à l'héroïsme du sacrifice maternel restant veuve dans le mariage et se consolant des douleurs de la femme dans le dévouement de la mère.

Les femelles des oiseaux n'abandonnent jamais leur nid tant que les petits n'ont point d'ailes, pourquoi les femmes seraient-elles moins bonnes mères que les femelles des oiseaux ?

L'idéal de l'absolu en amour divinise en quelque manière la génération de l'homme et cet idéal exige l'unité de l'amour. Ce beau rêve du christianisme est la réalité des grandes âmes et c'est pour ne jamais s'avilir dans les promiscuités du vieux monde que tant de cœurs aimants sont allés dans les cloîtres mourir et vivre dans un désir éternel. Erreur parfois sublime, mais toujours regrettable, faut-il donc refuser de vivre parce qu'on n'est pas immortel ? Ne plus manger parce que la nourriture de l'âme est supérieure à celle du corps, ne plus marcher parce qu'on n'a pas des ailes ?

Heureux est le noble hidalgo Don Quichotte qui croit adorer Dulcinée en embrassant les gros pieds mal chaussés d'une paysanne du Tobose !

L'Héloïse de Rousseau que nous critiquions tout à l'heure si sévèrement au point de vue de l'absolu en amour n'en est pas moins une délicieuse création d'autant plus vraie qu'elle est défectueuse et reproduit dans un roman vraiment humain toutes les contradictions et toutes les faiblesses qui firent de Rousseau avec les réminiscences d'un ancien laquais le Don Quichotte de la vertu. Après avoir essayé en vain de fixer Madame de Warens dont il s'avisa d'être jaloux après l'avoir oubliée lui-même près de Madame de Larnage, après avoir adoré Madame de Houdetot qui en aima un autre, il épousa philosophiquement sa servante et s'il est vrai que le pauvre cher homme mourut des suites du chagrin que lui causa la découverte d'une infidélité de Thérèse, il faut l'admirer et le plaindre, son cœur était fait pour aimer.

Pour un cœur digne de l'amour il n'existe au monde qu'une femme, mais la femme cette divinité de la terre se révèle quelquefois en plusieurs personnes comme la divinité du ciel et ses incarnations sont souvent plus nombreuses que les avatars de Vishnou. Heureux les croyants qui ne se découragent jamais et qui, dans les hivers du cœur, attendent le retour des hirondelles.

Le soleil brille dans une goutte d'eau, c'est un diamant, c'est un monde ; heureux celui qui, quand la goutte d'eau se dessèche, ne pense pas que le soleil s'en va. Toutes les beautés qui passent ne sont que des reflets fugitifs de la Beauté éternelle, objet unique de nos amours. Je voudrais avoir des yeux d'aigle et m'envoler vers le soleil, mais si le soleil vient à moi en distribuant ses splendeurs dans les gouttes de la rosée, j'en remercierai la Nature sans trop m'affliger quand le diamant disparaîtra. Hélas pour cette volage créature qui ne m'aime plus, pour la soif d'idéal de son cœur moi aussi j'étais une goutte d'eau ; dois-je l'accuser et la maudire parce qu'à ses yeux je suis devenu une larme brisée où elle ne voit plus le soleil ?

CHAPITRE XII

LA TOUTE PUISSANCE CRÉATRICE

La page sublime qui commence la Genèse n'est pas l'histoire d'un fait accompli une fois c'est la révélation des lois créatrices et des éclosions successives de l'Être.

Les six jours de Moyse sont six lumières dont le septenaire est la splendeur. C'est la généalogie des idées qui deviennent des formes dans l'ordre des nombres symboliques éternels.

Au premier jour se manifeste l'unité de la substance première qui est lumière et vie et qui sort des ombres de l'inconnu.

Au second jour se révèlent les deux forces qui sont le firmament ou l'affermissement des astres.

Au troisième, la distinction et l'union des éléments contraires produisent la fécondité sur la terre.

Au quatrième, Moyse rattache le quaternaire tracé dans le ciel par les quatre points cardinaux dans le mouvement circulaire de la terre et des astres.

Au cinquième, apparaît ce qui doit commander aux éléments, c'est-à-dire l'âme vivante.

Le sixième jour voit naître l'homme avec les animaux ses auxiliaires.

Au septième jour tout fonctionne ; l'homme agit et Dieu semble se reposer.

Les prétendus jours de Moyse sont les lumières successives jetées par les nombres Kabbalistiques sur les grandes lois de la Nature, le nombre de jours étant seulement celui des révélations. C'est la genèse de la science plus encore que celle du monde. Elle doit se répéter dans l'esprit de tout homme qui cherche et qui pense ; elle commence par l'affirmation de l'être visible et après les consultations successives de la science elle finit par le repos de l'esprit qui est la foi.

Supposons un homme qui est dans le néant du scepticisme ou même qui s'établit systématiquement dans le doute de Descartes. Je pense, donc je suis, lui fait dire Descartes. N'allons pas si vite et demandons-lui : Sentez-vous que vous existez ?

— Je crois exister, répondra le sceptique et ainsi sa première parole est une parole de foi.

— Je crois exister, car il me semble que je pense.

Si vous croyez quelque chose et qu'il vous semble quelque chose, c'est que vous existez. Il existe donc quelque chose, l'être existe, mais pour vous tout est chaos, rien ne s'est encore manifesté dans l'harmonie et votre esprit flotte dans le doute comme sur les eaux.

Il vous semble que vous pensez. Osez l'affirmer d'une manière nette et hardie. Vous l'oserez si vous le voulez, la pensée est la lumière des âmes, ne luttez pas contre le phénomène divin qui s'accomplit en vous, ouvrez vos yeux intérieurs, dites que la lumière soit et elle sera pour vous. La pensée est impossible dans le doute absolu et si vous admettez la pensée vous admettez la vérité. Vous êtes bien forcé d'ailleurs de l'admettre puisque vous ne pouvez nier l'être. La vérité c'est l'affirmation de ce qui est, et malgré vous il faudra bien la distinguer de l'affirmation de ce qui n'est pas, ou de la négation de ce qui est, les deux formules de l'erreur.

Silence maintenant et recueillons-nous dans les ténèbres qui nous restent. Votre création intellectuelle vient d'accomplir son premier jour! Levons-nous maintenant! Voici une nouvelle aurore. L'être existe et l'être pense. La vérité existe, la réalité s'affirme, le jugement se nécessite, la raison se forme et la justice est nécessaire.

Maintenant admettez que dans l'être est la vie. Pour cela vous n'avez pas besoin de preuves. Obéissez à votre sens intime et commandez à vos sophismes, dites: Je veux que cela soit pour moi et cela sera pour vous, car déjà indépendamment de vous cela doit être et cela est. Or, la vie se prouve par le mouvement, le mouvement s'opère et se conserve par l'équilibre, l'équilibre dans le mouvement c'est le partage et l'égalité relative dans les impulsions alternées et contraires de la force ; il y a donc partage et direction contraire et alternée dans la force; la substance est comme vous l'a montré le premier jour, la force est double comme vous le révèle la seconde lumière et cette force double dans ses impulsions réciproques et alternées constitue le firmament ou l'affermissement universel de tout ce qui se meut suivant les lois de l'équilibre universel. Ces deux forces vous les voyez fonctionner dans toute la Nature. Elles lancent et elles attirent, elles aggrègent et elles dispersent. Vous les sentez en vous car vous éprouvez le besoin d'attirer et de rayonner, de conserver et de répandre. En vous les instincts aveugles sont balancés par les prévisions de l'intelligence ; vous ne pouvez nier que cela soit, osez donc affirmer que cela est, dites : Je veux que l'équilibre se fasse en moi et l'équilibre se fera et voici votre second jour c'est la révélation du binaire.

Distinguez maintenant ces puissances pour mieux les unir afin que réciproquement elles se fécondent, arrosez les terres arides de la science avec les eaux vives de l'amour; la terre c'est la science qu'on travaille et qui se mesure, la foi est immense comme la mer. Opposez des digues à ses débordements mais ne l'empêchez pas de soulever ses nuages et de répandre la pluie sur la terre. La terre alors sera fécondée, la science aride verdira et fleurira. Malheur à ceux qui craignent l'eau du ciel et qui voudraient cacher la terre sous un voile d'airain. Laissez germer les espérances éternelles, laissez fleurir les croyances naïves, laissez les grands arbres monter. Les symboles grandissent comme des cèdres, ils se fortifient comme des chênes et ils portent en eux-mêmes la semence qui les reproduit. L'amour s'est révélé dans la nature par l'harmonie, le triangle sacré fait briller sa lumière, le nombre trois complète la divinité soit dans ton idéal soit dans la connaissance transcendante de toi-même. Ton intelligence est devenue mère parce qu'elle a été fécondée par le génie de la foi. Arrêtons-nous ici, car ce miracle de la lumière suffit à la gloire du troisième jour.

Lève maintenant les yeux et contemple le ciel. Vois la splendeur et la régularité des astres. Prends le compas et le télescope de l'astronome et monte de prodige en prodige, calcule le retour des comètes et la distance des soleils tout cela se meut suivant les lois d'une hiérarchie admirable. Toute cette immensité pleine de mondes absorbe et surpasse tous les efforts de l'intelligence humaine. Est-elle donc inintelligente ? Il est vrai que les soleils ne vont pas où ils veulent et que les planètes ne sortent pas de leur orbite. Le ciel est une machine immense qui peut être ne pense pas, mais qui certainement révèle et reproduit la pensée. Les quatre points cardinaux du ciel les équinoxes et les solstices, l'orient et l'occident, le Zénith et le Nadir sont à leur poste comme des sentinelles et nous proposent une énigme à deviner; les lettres du nom de Jehovah ou les quatre formes élémentaires et symboliques du vieux sphinx de Thèbes. Avant que tu apprennes à lire ose croire et déclarer qu'il y a un sens caché dans ces écritures du ciel. Que l'ordre te révèle une volonté sage et si la nature n'est encore à tes yeux qu'une machine impuissante à marcher d'elle-même, si tu doutes du moteur indépendant, ferme les yeux et repose-toi des fatigues de ton quatrième jour. Demain nous te manifesterons les merveilles de l'autonomie.

La mouche qui bourdonne, voltige et se pose où il lui plaît, le ver qui rampe à son gré le long des rivages humides ont quelque chose de plus surprenant que les soleils, car ils sont autonomes et ne se meuvent pas comme les rouages d'un mécanisme fatal. Le poisson est libre et se réjouit dans l'onde, il monte chercher sa pature à la surface. Un bruit l'effraie, il frémit et fuit dans la vase en repoussant l'eau qui bouillonne, l'oiseau fend les airs en se dirigeant à son gré ; il choisit l'arbre ou le mur où il fera son nid ; puis il se pose et chante, il va ensuite cherchant des fanes et des herbes, il presse la naissance de ses petits. Est-ce lui qui pense ou quelqu'un qui pense pour lui? Tu doutais de l'intelligence des mondes, douterais-tu de celle des oiseaux? Si les oiseaux sont libres sous un ciel esclave, à qui donc obéit le ciel si ce n'est à celui qui donne la liberté aux oiseaux, mais le ciel n'est pas esclave, il est soumis à des lois admirables que tu peux comprendre et à qui les soleils obéissent sans avoir besoin de les connaître. Tu as l'intelligence du ciel et à ce titre tu es plus immense que le ciel même. Es-tu le créateur et le régulateur des mondes? Non; ce créateur c'est un autre sans doute, mais tu en es le confident et en quelque sorte le coadjuteur. Ne nie pas ton maître, ce serait te nier toi-même enfant de Copernic et de Galilée. Tu peux créer avec eux le ciel de la science; enfant du créateur inconnu, regarde ces milliers d'univers qui vivent dans l'immensité et incline-toi devant la souveraine intelligence de ton Père.

L'étoile de l'intelligence maîtresse des forces, l'étoile à cinq pointes, le pentagramme des Kabbalistes et le microcosme des Pythagoriciens apparait au cinquème jour. Tu sais maintenant que la matière ne saurait se mouvoir sans que l'esprit la dirige et tu veux l'ordre dans le mouvement; tu vas comprendre l'homme et tu vas concourir à le créer.

Voici apparaître des formes pour toutes les forces de la nature qui sont poussées par l'autonomie suprême à devenir elles-mêmes autonomes et vivantes. Toutes ces forces te seront soumises et toutes conformes sont des figures de ta pensée. Ecoute rugir le lion et tu entendras l'écho de ta colère, le mastodonte et l'éléphant tournent en dérision l'enflure de ton orgueil; veux-tu leur ressembler, toi, leur maître. Non, il faut les dompter et les faire servir à tes usages, mais pour leur imposer ta puissance il faut d'abord dompter en toi-même les vices dont plusieurs d'entre eux sont l'usage.

Si tu es glouton comme le pourceau, lascif comme le bouc, féroce comme le loup ou larron comme le renard, tu n'es qu'un animal masqué d'une figure humaine. Roi des animaux, lève-toi dans ta dignité et de ta dignité faisons l'homme ; dis : je veux être un homme et tu seras ce que tu voudras être car Dieu veut que tu sois un homme, mais il attend ton consentement parce qu'il t'a créé libre ; et pourquoi ? C'est que tout monarque doit être acclamé et proclamé par ses pairs, c'est que la liberté seule peut comprendre et honorer le pouvoir divin ; c'est qu'il faut à Dieu cette grande dignité de l'homme pour que l'homme puisse légitimement adorer Dieu.

L'occultisme de Dieu est nécessaire comme celui de la science si Dieu se révélait à tous les hommes d'une manière éclatante et irréfragable, le dogme de l'enfer éternel régnerait dans toute son horreur. Les crimes humains n'auraient plus de circonstances atténuantes.

Les hommes seraient forcés à bien faire ou à se perdre pour jamais, ce que Dieu ne saurait vouloir et ne veut pas ; il faut que le dogme reste entier et que la miséricorde garde sa liberté immense.

Dieu (si l'on veut nous permettre à l'exemple des grands Kabbalistes et des auteurs inspirés de la Bible de lui prêter ici la forme humaine)

Dieu a deux mains : une pour châtier, l'autre pour relever et bénir.

La première est enchaînée par l'ignorance et la faiblesse de l'homme. L'autre veut être toujours libre et c'est pour cela que Dieu en ne contraignant jamais notre foi respecte notre liberté.

La marche de l'esprit humain détaché de Dieu est rapide. Les cultes sans autorité tombent dans la philosophie qui s'abîme elle-même dans le matérialisme. La seule religion solide, celle qui sait dire *non possumus* peut et pourra toujours quelque chose car elle possède la chaîne de l'enseignement, l'efficacité réelle des sacrements, la magie des cultes, la légitimité hiérarchique et la puissance miraculeuse du verbe. Qu'elle laisse donc sans se troubler l'athéisme et le matérialisme se produire. Ce sont deux cerbères déchaînés pour garder sa porte et ils dévoreront tous ses ennemis.

Je sais qu'un grand nombre de mes lecteurs m'accusent de contradiction; on ne conçoit pas que je soutienne d'une main les autels de la catholicité et que de l'autre je frappe sans pitié sur toutes les erreurs et sur tous les abus qui se sont produits et se produisent encore sous le nom et à l'ombre du catholicisme. Les catholiques aveugles s'effraient de mes interprétations hardies et les prétendus libres-penseurs s'indignent de ce qu'ils nomment mes faiblesses pour une religion qu'ils croient tombée dans le mépris parce qu'ils l'ont abandonnée. Je déplais également aux chrétiens de Veuillot et aux philosophes de Proud'hon. Cela ne doit pas m'étonner, je m'y étais attendu, je ne m'en afflige pas et je ne dirai pas même que je m'en fais gloire. J'aimerais mieux plaire à tout le monde parce que j'aime sincèrement tous les hommes, mais tant qu'il faudra choisir entre la vérité et l'estime de qui que ce soit, même de mes amis les plus chers, je choisirai toujours la vérité.

L'Église Romaine, dit-on, n'est plus qu'une ombre, c'est un spectre qui regarde vers le passé et qui ne sait marcher qu'en arrière. Et tous les jours pourtant on se plaint de ses envahissements. Elle s'empare des enfants et des femmes, absorbe les propriétés, gêne les rois, entrave le mouvement des peuples et force, même, à la servir, l'or des banquiers Israëlites et le sang voltairien de la France.

Cette malade, condamnée par tant de médecins, se moque des pilules de Sganarelle et s'obstine à ne pas mourir. C'est qu'en dépit des grands penseurs et des beaux diseurs elle a les clefs de la vie éternelle. On sent que si elle s'éteint, Dieu se dérobe pour jamais à nous, et l'immortalité de l'âme s'en va.

Il y a une chose profondément vraie et qui, pourtant, paraîtra paradoxale : c'est que tous les cultes chrétiens dissidents ne vivent que des sublimes obstinations du catholicisme radical. Je vous demande un peu contre qui protesteraient Luther et Calvin si le pape fléchissait et donnait prise aux luthériens ou aux calvinistes. Si le pape admet en principe la liberté de conscience, il déclare que sa vérité, à lui, est douteuse. Or, la vérité, à lui, ce n'est pas celle d'un système, ce n'est pas celle d'une secte, ce n'est pas celle d'une fantaisie religieuse, c'est celle de l'humanité croyante, c'est celle d'Hermès et de Moyse, c'est celle de Jésus-Christ, c'est celle de saint Paul, de saint Augustin, de Fénelon et de Bossuet, tous plus grands penseurs et plus grands hommes que Prud'hon, le docteur Garnier, le sceptique Girardin et les nihilistes Tartempion ou Jean Bonhomme, entendez-vous ?... Entendez-vous ?

Non, le pape ne doit pas dire qu'en matière de religion nous sommes libres de penser ce que bon nous semble. C'est une étrange manière de comprendre la liberté que de vouloir forcer le chef suprême d'une Eglise absolue à être tolérant quand il est évident que la tolérance serait le suicide de son autorité spirituelle. C'est l'indulgence et non la tolérance que doit aux hommes et à leurs erreurs le représentant de Jésus-Christ. L'Eglise c'est la charité : tout ce qui est contre la charité est contre elle. Elle ne se soutient et ne se perpétue que par la charité. C'est par le miracle permanent de ses bonnes œuvres qu'elle doit prouver sa divinité au monde.

Pour assurer son règne sur la terre, elle ne doit pas enrôler des zouaves, mais elle peut créer des saints. A-t-elle jamais pu oublier cette grande parole du maître : cherchez d'abord le règne de Dieu et sa justice et tout le reste vous sera donné par surcroît.

CHAPITRE XIII

LA FASCINATION

L'Eglise condamne et doit condamner la magie parce qu'elle s'en est appoprié le monopole. Les forces occultes que les anciens mages employaient pour tromper et asservir les multitudes, elle doit s'en servir pour éclairer progressivement les esprits et travailler à l'affranchissement des âmes par la hiérarchie et la moralité.

Elle le doit sous peine de mort, mais nous avons déjà dit qu'elle est immortelle et que la mort apparente ne peut être pour elle qu'un travail régénérateur et une transfiguration.

Parmi les forces dont elle dispose et dont on peut faire usage, soit pour le bien soit pour le mal, il faut compter au premier rang la puissance de la fascination.

Faire croire l'impossible, faire voir l'invisible, faire toucher l'insensible en exaltant l'imagination et en hallucinant les sens, s'emparer ainsi de la liberté intellectuelle de ceux qu'on lie et qu'on délie à volonté ; c'est ce qu'on appelle fasciner.

La fascination est toujours le résultat d'un prestige.

Le prestige est la mise en scène de la puissance quand ce n'en est pas le mensonge.

Voyez Moyse lorsqu'il veut promulguer le décalogue, il choisit la plus âpre montagne du désert, il l'entoure d'une barrière que nul ne pourra franchir sans être frappé de mort! Là il monte au bruit de la trompette pour s'entretenir face à face avec Adonaï et quand vient le soir, toute la montagne fume, tonne et s'illumine d'une formidable pyrotechnie. Le peuple tremble et se prosterne, il croit sentir la terre s'agiter, il lui semble que les rochers bondissent comme des béliers et que les collines sont ondoyantes comme des troupeaux, puis, dès que le volcan s'éteint, dès que les tonnerres ont cessé, comme le thaumaturge tarde à reparaître, la foule s'insurge et veut à toute force qu'on lui donne son Dieu? Adonaï a manqué son effet, il est sifflé et on lui oppose le veau d'or. Les flûtes et les tambourins font la parodie des trompettes et du tonnerre et le peuple voyant que les montagnes ne dansent plus se met à danser à son tour. Moyse furieux, brise les tables de la loi et change son spectacle en celui d'un massacre immense. La fête est noyée dans le sang, la vile multitude en voyant les éclairs du glaive, recommence à croire à ceux de la foudre, elle n'ose plus relever la tête pour regarder Moyse, le terrible législateur est devenu fulgurant comme Adonaï, il a des cornes comme Bacchus et comme Jupiter Ammon et désormais il n'apparaîtra plus que couvert d'un voile afin que l'épouvante soit durable et que la fascination se perpétue. Personne désormais ne résistera impunément à cet homme dont le courroux frappe comme le simoun et qui a le secret des commotions fulminantes et des flammes inextinguibles. Les prêtres de l'Egypte avaient sans doute des connaissances naturelles auxquelles les nôtres ne devaient arriver que beaucoup plus tard. Nous avons dit que les mages assyriens connaissaient l'électricité et savaient imiter le tonnerre.

Avec la différence qu'il y a entre Jupiter et Thersite, Moyse avait les mêmes opinions que Marat. Il pensait que pour le salut d'un peuple destiné à devenir la lumière du monde quelques flots de sang ne devaient pas faire reculer un pontife de l'avenir. Qu'a-t-il manqué à Marat pour être le Moyse de la France ? Deux grandes choses : le génie et le succès. D'ailleurs Marat était un nain grotesque et Moyse était un géant s'il faut en croire la divine intuition de Michel Ange.

Osera-t-on dire que le législateur des Hébreux était un imposteur ? On n'est jamais imposteur quand on se dévoue. Ce maître qui osait jouer de tels airs de toute puissance sur l'instrument terrible de la mort s'était voué le premier à l'anathème pour expier le sang versé ; il conduisait son peuple vers une terre promise où lui-même il savait bien que seul il n'entrerait pas. Il disparut un jour au milieu des cavernes et des précipices comme Œdipe dans la tempête et jamais les admirateurs de son génie ne purent retrouver ses os.

Les sages de l'ancien monde, convaincus de la nécessité de l'occultisme cachaient avec soin les sciences qui les rendaient jusqu'à un certain point maîtres de la nature et ne s'en servaient que pour donner à leur enseignement le prestige de la coopération divine. Pourquoi les en blâmerait-on ? Le sage n'est-il pas le plénipotentiaire de Dieu près des hommes ? Et quand Dieu lui permet d'endormir ou de réveiller sa foudre n'est-ce pas toujours lui qui tonne par le ministère de son ambassadeur ?

Il faudrait mettre à Charenton l'homme assez fou pour dire : Je sais de science certaine que Dieu est, mais celui-là serait plus insensé encore qui oserait dire : Je sais que Dieu n'existe pas : Je crois en Dieu, mais je ne sais pas ce qu'il est. Voici venir pourtant des milliers d'hommes, de femmes et d'enfants qui vous disent : Je l'ai vu, je l'ai touché, j'ai fait mieux encore, je l'ai mangé et je l'ai senti vivant en moi. Etrange fascination d'une parole absurde s'il en fut jamais et par là même victorieusement convaincante parce qu'elle est belle à faire reculer la raison et à ravir l'enthousiasme : Ceci est ma chair, ceci est mon sang !

Il a dit cela, lui, le Dieu qui allait mourir pour revivre dans tous les hommes. Hommes de foi vous seuls comprenez comment Dieu lui-même devait mourir pour nous faire accepter le mystère de la mort.

Dieu s'est fait homme afin de faire les hommes Dieu. Dieu incarné c'est l'humanité devenue divine. Voulez-vous voir Dieu, regardez vos frères. Voulez-vous aimer Dieu, aimez-vous les uns les autres. Foi sublime et triomphante qui va inaugurer le règne de la solidarité universelle, de la charité la plus sublime de l'adoration du malheur ! Ce que vous faites au moindre, c'est-à-dire peut-être au plus ignorant, au plus coupable d'entre vos frères vous le faites à moi et à Dieu. Comprenez-vous cela misérables insiquiteurs lorsque vous avez torturé J.-C. lorsque vous avez brûlé Dieu....

Certes la poésie est plus grande que la science, et la foi est grandiose et magnifique lorsqu'elle domine et subjugue la raison. Le sacrifice du juste pour le coupable est déraisonnable mais la raison la plus égoïste est contrainte de l'admirer. Ici est la grande fascination de l'Evangile et j'avoue que dût-on me taxer d'un peu de folie, moi l'ennemi des rêves, moi l'adversaire des imaginations qui veulent s'imposer au savoir je reste faciné et je veux l'être, j'adore en fermant les yeux pour ne pas voir d'étincelles ennemies parce que je ne puis m'empêcher de croire à une lumière immense mais encore voilée sur la foi de l'amour infini que je sens s'allumer dans mon cœur.

Tous les grands sentiments sont des fascinations et tous les vrais grands hommes sont des fascinateurs de la multitude *Magister dixit*. C'est le maître qui l'a dit. Voilà la grande raison de ceux qui sont nés pour être éternellement disciples *Amicus Plato sed magis amica veritas*, j'aime Platon mais je préfère la vérité, est la parole d'un homme qui se sent l'égal de Platon et qui par conséquent doit être un maître s'il possède comme Platon ou comme Aristote le don de fasciner et de passionner une école.

Jésus en parlant des hommes de la foule dit : Je veux qu'en regardant ils ne voient pas et qu'en écoutant ils n'entendent pas car je redoute leur conversion et j'aurais peur de les guérir. En lisant ces terribles paroles de celui qui s'est sacrifié à la philantrophie je pense à ce Crispinus dont Juvénal a dit :

At vitiis œger solaque libidine fortis.
Epuisé par tous les vices, il ne doit un reste de forces qu'à la fièvre de la débauche. Quel médecin compatissant eut voulu guérir la fièvre de Crispinus? C'eut été lui donner la mort.

Malheur aux profanes multitudes qui ne sont plus fascinées par l'idéal des grands pouvoirs! Malheur au sot qui restant un sot ne croit plus à la mission divine du prêtre ni au prestige providentiel du roi ! Car il lui faut une fascination quelconque et il subira celle de l'or et des jouissances brutales et sera précipité fatalement hors de toute justice et de toute vérité.

La nature elle-même lorsqu'il s'agit de forcer les êtres à accomplir ses grands mystères agit en souveraine prêtresse et fascine à la fois les sens, les esprits et les cœurs. Deux fatalités magnétiques qui se rencontrent forment une providence invincible à qui l'on donne le nom d'amour. La femme alors se transforme et devient une sylphide, une péri, une fée, un ange. L'homme devient un héros et presque un Dieu. Sont-ils assez trompés ces pauvres ignorants qui s'adorent et quelle déception ils se préparent pour l'heure de la satiété et du réveil. Retarder cette heure, c'est le grand arcane du mariage. Il faut à tout prix prolonger l'erreur, alimenter la folie, éterniser la déception incomprise, la vie alors devient une comédie où le mari doit être un sublime artiste, toujours en scène s'il ne veut pas être berné comme le Pantaléon de la farce italienne ; ou la femme doit étudier à fond son rôle de grande coquette et cacher éternellement ses plus légitimes désirs si elle ne veut pas qu'on désapprenne à la désirer elle-même. Un bon ménage c'est une lutte cachée de tous les jours, moyen fatigant et difficile mais hélas, unique moyen d'éviter une guerre ouverte.

Il y a deux grandes puissances dans l'humanité : le génie qui fascine et l'enthousiasme qui vient de la fascination. Voyez ce petit homme pâle qui marche à la tête d'un peuple immense de soldats si on lui demandait où les conduisez-vous : A la mort pourrait répondre un passant dépourvu d'illusions ; à la gloire s'écrieraient-ils en hérissant leurs moustaches et en faisant résonner les capucines de leurs fusils. Tous ces vieux grognards sont des croyants comme Polyeucte ; ils subissent la fascination d'une redingote grise et d'un petit chapeau. Aussi quand ils passent, les rois les saluent en ôtant leur couronne et lorsqu'on les écrase à Waterloo ils jurent contre l'averse de mitraille comme s'il s'agissait d'un simple mauvais temps et tombent tout d'une pièce en jetant par la bouche de Cambronne un défi grivois à la mort.

Il existe un magnétisme animal mais au dessus de celui-là qui est purement physique il faut compter le magnétisme humain qui est le vrai magnétisme moral. Les âmes sont polarisées comme les corps et le magnétisme spirituel ou humain est ce que nous appelons la force de fascination.

Le rayonnement d'une grande pensée ou d'une puissante imagination chez l'homme détermine un tourbillon attractif qui donne bientôt des planètes au soleil intellectuel, aux planètes, des satellites. Un grand homme dans le ciel de la pensée, c'est le foyer d'un univers.

Les êtres incomplets qui n'ont pas le bonheur de subir une fascination intelligente tombent eux-mêmes sous l'empire des fascinations fatales; ainsi se produisent les passions vertigineuses et les hallucinations de l'amour-propre chez les imbéciles et chez les fous.

Il y a des fascinations lumineuses et des fascinations noires. Les Thugs de l'Inde sont amoureux de la mort. Marat et Lacenaire ont eu des séides. Nous avons déjà dit que le diable est la caricature de Dieu.

Définissons-donc maintenant la fascination. C'est le magnétisme de l'imagination et de la pensée. C'est la domination qu'exerce une volonté forte sur une volonté faible en produisant l'exaltation des conceptions imaginaires et influençant le jugement chez des êtres qui ne sont pas encore parvenus à l'équilibre de la raison.

L'homme équilibré est celui qui peut dire : je sais ce qui est, je crois à ce qui doit être et je ne nie rien de ce qui peut être. Le fasciné dira : Je crois ce que les personnes en qui je crois m'ont dit de croire ; en d'autres termes je crois parce qu'il me plait de croire. Je crois parce que j'aime certaines personnes et certaines choses (ici peuvent se placer certaines phrases toujours touchantes et qui ne prouvent jamais rien. La foi des aïeux! La croix de ma mère!) En d'autres termes le premier pourra dire je crois par raison et le second je crois par fascination.

Croire sur la foi des autres, cela peut être permis et cela doit être même recommandé à des enfants. Si vous me dites que Bossuet, Pascal, Fénélon étaient de grands hommes et qu'ils ont cru à d'évidentes absurdités, je vous répondrai que j'ai de la peine à l'admettre, mais enfin cela fut-il vrai, cela prouverait seulement qu'en cette circonstance ces grands hommes ont agi comme des enfants.

Pascal dit-on croyait voir toujours un gouffre ouvert auprès de lui. Il me semble que sans manquer de respect au génie de Pascal on peut ne pas croire à son gouffre, l'homme fasciné perd son libre arbitre et tombe entièrement sous la domination du fascinateur. Sa raison qu'il peut garder entière pour certaines choses indifférentes se change absolument en folie dès que vous tentez de l'éclairer sur les choses qu'on lui suggère, il ne voit plus, il n'entend plus que par les yeux et les oreilles de ceux qui le dominent ; faites lui toucher la vérité, il vous soutiendra que ce qu'il touche n'existe pas. Il croit au contraire voir et toucher l'impossible qu'on lui affirme. Saint Ignace a composé des exercices spirituels pour cultiver ce genre de fascination chez ses disciples. Il veut que tous les jours dans le silence et dans l'obscurité le novice de la Compagnie de Jésus exerce son imagination à créer la figure sensible des mystères qu'il cherche à voir et qu'il voit en effet dans un rêve volontaire et éveillé que l'affaiblissement de son cerveau peut rendre d'une réalité épouvantable tous les cauchemars de St Antoine et toutes les horreurs de l'enfer. Dans de semblables exercices le cœur s'endurcit et s'atrophie de terreur, la raison vacille et s'éteint. Ignace a détruit l'homme mais il a fait un jésuite et le monde entier va être moins fort que ce redoutable androïde.

Rien n'est implacable comme une machine. Une fois montée elle ne s'arrête plus à moins qu'on ne la brise.

Créer des milliers de machines qu'on peut

monter par la parole et qui vont à travers le monde réaliser par tous les moyens possibles la pensée du machiniste, voilà l'œuvre de Loyola. Il faut avouer que son invention est bien autrement grande que la machine mathématique de Pascal.

Mais cette œuvre est-elle morale ? Oui, certes dans la pensée de son auteur et de tous les hommes assez dévoués à ce qu'ils croient le bien pour devenir ainsi des rouages aveugles et automates sans autonomie. Jamais le mal ne passionnera les hommes à ce point, jamais la raison même et le simple bon sens ne prendront chez eux une pareille exaltation. La philosophie n'aura jamais de semblables soldats. La démocratie peut avoir des partisans et des martyrs elle n'aura jamais de véritables apôtres capables de sacrifier pour elle leur amour propre et leur personnalité tout entière. J'ai connu et je connais encore des démocrates honnêtes. Chacun d'eux représente exactement la force d'un individu isolé. Le jésuite se nomme légion. Pourquoi l'homme est-il si froid lorsqu'il s'agit de la raison et si ardent quand il faut combattre pour quelque chimère ? C'est que l'homme malgré tout son orgueil est un être défectueux, c'est qu'il n'aime pas sincèrement la vérité, c'est qu'il adore au contraire les illusions et les mensonges. Voyant que les hommes sont fous, a dit saint Paul, nous avons voulu les sauver par la folie même, en imposant le bien à l'aveuglement de leur foi. Voilà le grand arcane du catholicisme de saint Paul enté sur le christianisme de Jésus et complété par le Jésuitisme de saint Ignace de Loyola. Il faut des absurdités à la multitude. La société se compose d'un petit nombre de sages et d'une foule immense d'insensés. Or il est à désirer que les insensés soient gouvernés par les sages.

Comment faire pour arriver là ? Dès que le sage se montre ce qu'il est, on le repousse, on le calomnie, on l'exile, on le crucifie. Les hommes ne veulent pas être convaincus, ils attendent qu'on leur en impose ; il faut donc que l'apôtre se résigne aux apparences de l'imposture pour révéler, c'est-à-dire pour régénérer la vérité dans le monde en lui donnant un nouveau voile. Qu'est-ce en effet qu'un révélateur ? C'est un imposteur désintéressé, qui, pour l'amener d'une manière détournée au bien, trompe la vile multitude. Qu'est-ce que la vile multitude ? C'est la tourbe immense des sots, des imbéciles et des fous, quelque soient d'ailleurs leurs titres, leur rang dans la société et leurs richesses.

Je sais qu'on parle beaucoup de progrès indéfini, que j'appellerai plutôt indéfinissable, car si les connaissances s'augmentent dans l'espèce humaine, la race évidemment ne s'améliore pas. On dit aussi que si l'instruction était légalement répandue tous les crimes disparaitraient, comme si nécessairement l'instruction devait rendre les hommes meilleurs, comme si Robespierre et Marat ces effrayants disciples de Rousseau n'avaient pas reçu une instruction supérieure à celle de Rousseau lui-même. L'abbé Cœur et Lacenaire ont été élevés dans le même collège. Monsieur de Praslin, les docteurs Castany et Lapommeraye avaient joui de tous les bienfaits de l'éducation moderne. Eliçabide avait fait ses études au séminaire. Les scélérats instruits sont les plus complets et les plus effrayants de tous les scélérats et jamais leur instruction ne les a empêché de mal faire tandis qu'on voit des hommes simples et illettrés pratiquer sans effort les plus admirables vertus. L'éducation développe les facultés de l'homme et lui donne le moyen de satisfaire ses penchants, mais elle ne le change pas. Enseignez les mathématiques et l'astronomie à un sot vous en ferez peut-être un Leverrier mais vous n'en ferez jamais un Galilée.

La race humaine actuelle se compose de quelques hommes et d'un très grand nombre d'êtres mixtes qui tiennent un peu de l'homme et beaucoup de l'orang-outang ou du gorille. Il en est pourtant qui pourraient revendiquer la ressemblance des singes moins énormes et plus jolis : ce sont ces aimables cocodés qui servent de mâles et de Jocrisses à nos cocottes. Je me demande si Dieu peut avoir un paradis pour ces animaux-là et s'il aurait jamais le courage de les condamner à l'enfer.

Quand ces bêtes-là sont sur le point de mourir voilà parfois leur petit côté humain qui se réveille et les tourmente, on appelle un prêtre, le prêtre vient et pourquoi ne viendrait-il pas ?

La charité ne veut pas qu'on étouffe les étincelles, mais que leur dire ? Ils ne comprendront rien de raisonnable il faut les fasciner par des signes, des onctions d'huile, des bénédictions, des absolutions *in extremis*. Une étole brodée un beau ciboire de vermeil. Ils disent ce qu'on leur fait dire, se laissent faire tout ce qu'on veut leur faire et meurent tranquilles avec la bénédiction de l'Église. N'est-il pas écrit dans l'Évangile que Dieu sauvera les hommes et les animaux. *Homines et jumenta salvabis Domine.*

Les créations de la Nature sont progressives dans la succession des espèces et des races, mais les races et les espèces croissent et décroissent comme les empires et les individus. Tous les peuples qui ont brillé commencent progressivement à s'éteindre et l'humanité tout entière aura le sort des nations. Quand les hommes à moitié bêtes auront disparu dans le prochain cataclysme, apparaîtra sans doute une nouvelle race d'êtres sages et forts qui seront à notre espèce ce que nous sommes à celle des singes.

Alors seulement les âmes seront véritablement immortelles car elles deviendront dignes et capables de conserver le souvenir.

En attendant il est certain que loin de progresser l'espèce humaine actuelle dégénère. Un effrayant phénomène s'accomplit dans les âmes, les hommes n'ont plus le sens divin et les femmes qui ne sont pas des machines à vanité et à luxure ne cherchent dans la foi, qu'elles aiment absurde, qu'un refuge contre la raison qui les ennuie. La poésie est morte dans les cœurs. Notre jeunesse lit Victor Hugo, mais elle n'admire dans ce grand poète que les tours de force de la parole et les exemples cités de la pensée, au fond elle préfère Proud'hon, trouve un peu trop de sensibilité dans Renan et regarde comme des hommes sérieux M. Taine et les docteurs Grenier et Buchner. On *blague* avec excès au théâtre tous les sentiments généreux d'autrefois, ce n'est plus le vigoureux éclat de rire de Rabelais corrigeant la bêtise humaine, c'est le ricanement d'une platitude bouffonne qui insulte à toutes les vertus.

Il en est de l'amour comme de l'honneur, c'est un vieux saint qu'on ne chôme plus. Le nom même du plus grand sentiment et du plus beau sentiment que puisse inspirer la Nature n'est plus guère de mise dans la conversation des gens de bonne compagnie et tombera peut-être bientôt dans le vocabulaire obscène. A quoi songent les jeunes filles les plus honnêtes et les mieux gardées, celles par exemple qu'on élève au couvent des Oiseaux ou au Sacré-Cœur. Est-ce aux douceurs d'une affection mutuelle? Fi donc il faudrait se confesser de cela et on n'oserait l'avouer devant ses compagnes. Elles pensent aux splendeurs d'un riche mariage, elles rêvent une voiture et un château. Il y aura bien avec tout cela un mari dont il faudra s'accommoder, mais pourvu qu'il ait un beau nom, qu'il sache bien se présenter et qu'il mette bien sa cravate on le trouvera très-suffisant.

Je ne suis point un misanthrope et je me fais pas ici la satire de mon siècle, je constate un affaiblissement moral dans l'espèce humaine pour en venir à conclure que le magisme est plus que jamais de saison et qu'avec de si pauvres êtres il faut fasciner pour réussir.

Il se trouve dans l'Evangile des préceptes dont on pouvait autrefois sentir toute la sublimité et qui de nos jours sembleraient presque ridicules parce que les hommes ne sont plus les mêmes.

Va t'asseoir à la dernière place dit Jésus et l'on t'invitera à passer à la première.

Si tu t'assois à la dernière place, tu y resteras et ce sera bien fait, répond à cela le monde moderne.

Si l'on veut prendre ta tunique donne aussi ton manteau dit l'Evangile. — Et quand tu seras tout nu, Robert Macaire te bénira et un sergent de ville t'emmènera au poste pour outrage aux bonnes mœurs répond le logicien inpitoyable.

— Ne songez pas au lendemain dit le

Sauveur. — Et le lendemain du jour où la misère vous suprendra personnne ne songera à vous, répond le monde.

— Cherchez le royaume de Dieu et sa justice et tout le reste vous sera donné par surcroit.

— Oui, quand vous aurez trouvé, mais non pendant que vous chercherez et je crains que vous ne cherchiez longtemps.

— Malheur à ceux qui rient, ils pleureront : heureux ceux qui pleurent car ils riront.

— Sauf votre respect, Notre-Seigneur, ceci est une balançoire c'est comme si vous disiez : heureux les malades parce qu'ils attendent la santé et malheureux ceux qui se portent bien parce qu'ils attendent la maladie. Si ceux qui rient sont malheureux et si vous n'avez rien à promettre aux heureux qui pleurent que le malheur de rire à leur tour qui donc sera vraiment heureux. — Ne résistez pas au méchant si quelqu'un vous frappe sur une joue, tendez lui l'autre.

— Maxime positivement immorale. Ne pas résister au méchant c'est être son complice.

Tendre l'autre joue à celui qui vous frappe injustement c'est approuver son attentat et en provoquer un second, quand vous aurez tendu l'autre joue et reçu un second soufflet, quel parti aurez-vous à prendre? Vous battre avec l'agresseur? A quoi bon alors attendre le second outrage. Tendre le dos afin de recevoir un coup de pied un peu plus bas? Ce serait ignoble et grotesque.

— Voilà ce que répondrait aux maximes peut-être les plus sublimes de l'Evangile l'esprit de notre siècle s'il était assez loyal, assez courageux, pour parler aussi librement. Il y a et il devrait y avoir de nos jours un malentendu immense entre Jésus-Christ et les hommes. Notre siècle n'a plus le sentiment du sublime et ne comprend plus les héros. Garibaldi n'est pour nos hommes d'état qu'une incarnation peu amusante de Don Quichotte.

C'est un polichinelle sérieux, qui, après avoir battu quelques commissaires et s'être débattu entre les griffes cauteleuses du chat, finira un jour par être emporté par le diable à la grande risée des spectateurs.

Le monde est sans religion a dit le comte Joseph de Maistre et c'est pour cela, ajouterons-nous, qu'il a besoin plus que jamais de prestiges et de jongleurs.

Lorsqu'on ne croit plus au prêtre, on croit au sorcier et nous avons écrit nos livres surtout à l'usage des prêtres afin que devenant de véritables magiciens ils n'aient plus à craindre de la part du sorcier une illégale concurrence. L'auteur de ce livre appartient à la grande famille sacerdotale et ne l'a jamais oublié.

Que les prêtres redeviennent des hommes de science et qu'ils étonnent un monde dégénéré par la grandeur du caractère; qu'ils se mettent au-dessus des petits intérêts et des petites passions; qu'ils fassent des miracles de philanthropie et le monde sera à leurs pieds, qu'ils fassent même d'autres miracles, qu'ils guérissent les malades en les touchant, le zouave Jacob l'a bien fait; qu'ils apprennent en un mot à fasciner et ils apprendront à régner.

La fascination joue un grand rôle dans la

médecine, la grande réputation d'un docteur guérit d'avance ses malades. Une maladresse de M. Nélaton (si l'illustre praticien était capable d'en faire une) réussirait peut-être mieux que toute l'habileté d'un chirurgien ordinaire. On raconte qu'un médecin célèbre ayant écrit la formule d'un emplâtre pour un homme qui souffrait de violentes douleurs dit à la garde-malade : vous allez lui appliquer *cela* immédiatement sur la poitrine et il lui remettait le papier. La bonne femme qui était plus que simple crut que cela signifiait l'ordonnance même et l'appliqua toute chaude à son malade avec un peu de graine de lin; le malade se sentit immédiatement soulagé et le lendemain était guéri.

C'est ainsi que les grands médecins guérissent nos corps et c'est de la même manière que les prêtres accrédités parviennent à guérir nos âmes.

Quand je parle dans ce chapitre d'un commencement de déchéance humaine je n'entends par là que des phénomènes que je puis observer et je ne conclus pas de l'affaiblissement d'une race à la déchéance de l'espèce entière. Malgré tant de tristes symptômes, j'espère encore un progrès avant la destruction ou plutôt avant la transformation de l'homme. Je crois que le Messianisme viendra d'abord et règnera pendant une longue suite de siècles. J'espère que l'espèce humaine dira son dernier mot autrement qu'elle ne l'a fait dans les civilisations de Ninive, de Tyr, de Babylone, d'Athènes, de Rome et de Paris. Ce qu'on pourrait prendre pour de la décrépitude, j'aime à croire que ce sont les lassitudes de l'enfance. Mais le Messianisme même n'est pas la doctrine de l'Eternité, il y aura, dit saint Jean, un nouveau ciel et une nouvelle terre. La nouvelle Jérusalem ne viendra que par des peuples nouveaux supérieurs aux hommes d'à présent, puis il y aura des changements encore. Quand notre soleil sera une planète opaque dont nous serons le satellite qui sait où nous serons alors et sous quelle forme nous vivrons? Ce qui est certain c'est que l'être est l'être, c'est qu'il ne sort pas du néant qui n'est pas et d'où par conséquent rien ne peut sortir. C'est qu'il ne retournera pas dans ce néant d'où il n'a pu sortir.

Tout ce qui est, a été, est et sera.

Ehieh ascher Ehieh. אהיה אשר אהיה.

Revenons à la fascination et au moyen de la produire. Ce moyen est tout entier dans la puissance d'une volonté qui s'exalte sans se raidir et qui persévère avec calme.

Ne soyez pas fou et parvenez à croire avec raison que vous êtes quelque chose de grand et de fort ; les faibles et les petits vous prendront nécessairement pour ce que vous croyez être. Ce n'est qu'une affaire de patience et de temps.

Nous avons dit qu'il existe une fascination purement physique qui appartient au magnétisme ; quelques personnes en sont douées naturellement et on peut se donner la faculté de l'exercer par l'exaltation graduelle de l'appareil nerveux.

Le célèbre M. Home qui a parfois peut-être exploité en charlatan cette faculté exceptionnelle la possède sans pouvoir s'en rendre compte, car il est d'une intelligence très-bornée pour tout ce qui se rattache à la science. Le zouave Jacob est un fascinateur naïf qui croit à la coopération des esprits. L'habile prestidigitateur Robert Houdin joint la fascination à la prestesse. Un grand seigneur que nous connaissons, lui ayant un jour demandé des leçons de magie blanche ; Robert Houdin lui enseigna certaines choses, mais il en réserva d'autres qu'il déclara ne pouvoir enseigner. Ce sont des choses inexplicables pour moi-même, dit-il, et qui tiennent à ma nature personnelle, si je vous les disais vous n'en sauriez guère davantage et je ne pourrais jamais vous mettre en état de les exercer.

C'est pour me servir de l'expression vulgaire l'art ou la faculté de jeter de la poudre aux yeux. On voit que toutes les magies ont leurs arcanes indicibles même la magie blanche de Robert Houdin.

Nous avons dit que c'est un acte de haute philantropie de fasciner les imbéciles pour leur faire accepter la vérité comme si c'était un mensonge et la justice comme si c'était la partialité et le privilège de déplacer les égoïsmes et les convoitises en faisant espérer à ceux qui se sacrifient ici bas un héritage immense et exclusif dans le ciel.

Mais nous devons dire aussi que tous ceux qui se croient dignes de porter le nom d'hommes doivent tout en respectant l'erreur des enfants et des faibles employer tous les efforts de leur raison et de leur intelligence pour échapper eux-mêmes à la fascination.

Il est cruel d'être désillusionné quand rien ne remplace l'illusion et quand les mirages disparus et les feux follets éteints laissent l'âme dans les ténèbres.

Il vaut mieux croire des absurdités que de ne croire à rien, il vaut mieux encore être une dupe qu'un cadavre. Mais la sagesse consiste précisément en une science assez solide et en une foi assez raisonnable pour exclure le doute. Le doute en effet est le tâtonnement de l'ignorance. Le sage sait certaines choses ; ce qu'il sait le conduit à supposer l'existence de ce qu'il ne sait pas. Cette supposition, c'est la foi qui n'a pas moins de certitude que la science quand elle a pour objet des hypothèses nécessaires et tant qu'elle ne définit pas témérairement ce qui reste indéfinissable.

Un homme véritablement homme comprend les prestiges sans les subir, il croit à la vérité sans tonnerre ni trompettes et n'a pas plus besoin pour songer à Dieu d'une table de pierre ou d'une arche, que d'un veau d'or. Il n'a pas même besoin de sentir qu'il doit être juste, qu'on lui parle d'un grand rémunérateur ou d'un éternel vengeur. Il en est assez averti par sa conscience et par sa raison. Si on lui dit que sous peine d'un éternel tourment il doit admettre que trois font un, qu'un homme ou un morceau de pain sont un Dieu. Il sait parfaitement à quoi s'en tenir sur la menace et se garde bien de se moquer du mystère avant d'en avoir étudié l'origine et d'en connaitre la portée ; l'ignorance qui nie lui paraissant aussi téméraire pour le moins que l'ignorance qui affirme, mais il ne s'étonne jamais de rien et lorsqu'il s'agit de questions obscures, il ne prend jamais son parti avec précipitation.

Pour échapper à la fascination des choses,

il ne faut en méconnaître ni les avantages ni les charmes.

Suivons en cela les enseignements d'Homère. Ulysse ne se prive pas d'entendre le chant des sirènes, il prend seulement les mesures les plus efficaces pour que ce plaisir ne le retarde pas dans son voyage et ne l'entraîne pas à se briser sur les écueils. Il renverse la coupe de Circé et l'intimide avec son glaive, mais il ne se refuse pas à des caresses qu'il lui impose au lieu de les acheter ou de les subir. Détruire la religion parce qu'il existe des superstitions dangereuses, ce serait supprimer le vin pour échapper aux dangers de l'ivresse et se refuser au bonheur de l'amour pour en éviter les égarements et les fureurs.

Comme nous l'avons dit, le dogme a deux faces, l'une de lumière et l'autre d'ombre, suivons la lumière et ne cherchons pas à détruire l'ombre, car l'ombre est nécessaire à la manifestation de la clarté. Jésus a dit que les scandales sont nécessaires et peut-être, si l'on nous pressait beaucoup, devrions-nous dire qu'il faut des superstitions. On ne saurait trop insister sur cette vérité trop méconnue de nos jours malgré son incontestable évidence, que si tous les hommes doivent être égaux devant la loi, les intelligences et les volontés ne sont certainement pas égales.

Le dogme est la grande épopée universelle de la foi, de l'espérance et de l'amour, c'est la poésie des nations, c'est la fleur immortelle du génie de l'humanité, il faut le cultiver et le conserver tout entier. Il ne faut pas en perdre un mot, il ne faut en détacher ni un symbole, ni une énigme, ni une image. Un enfant à qui l'on aurait fait apprendre les fables de La Fontaine et qui aurait cru naïvement jusqu'à l'âge de sept ans que les fourmis peuvent parler à des cigales, devrait-il déchirer ou jeter au feu le livre charmant que lui a donné sa mère, lorsqu'il est assez intelligent enfin pour comprendre qu'on ne peut sans imposture et sans folie prêter des discours raisonnables aux êtres qui ne parlent pas et qui sont dénués de raison.

Au respect du dogme, il faut joindre celui de l'autorité, c'est-à-dire de la hiérarchie à laquelle il faut se soumettre extérieurement quand elle est seulement extérieure et intérieurement quand elle est réelle. Si la société ou l'Eglise m'a donné pour maître un homme qui en sait moins que moi, je dois me taire devant lui et agir suivant mes propres lumières; mais s'il est plus savant et meilleur que moi, je dois l'écouter et profiter de ses conseils.

Pour échapper aux fascinations des hommes et des femmes, n'attachons jamais tout notre cœur aux individualités changeantes et périssables. Aimons dans les êtres qui passent les vertus qui sont immortelles et la beauté qui fleurit toujours. Si l'oiseau que nous aimons s'envole, ne prenons pas pour cela en aversion tous les oiseaux et si les roses que nous avons cueillies et dont nous aimons à respirer le parfum, se flétrissent entre nos mains, ne croyons pas pour cela que tous les rosiers sont morts et tous les printemps défleuris. Une rose meurt bien vite mais la rose est éternelle. Est-ce qu'un musicien doit renoncer à la musique parce qu'il a brisé son violon ?

Il est des oiseaux dont la nature est telle qu'ils ne peuvent supporter l'hiver : il leur faut un printemps éternel et pour eux seuls, le printemps ne cesse jamais sur la terre. Ce sont les hirondelles et vous savez comment elles font pour que ce prodige s'accomplisse naturellement en leur faveur. Quand la belle saison finit elles s'envolent vers la belle saison qui commence et quand le printemps n'est plus où elles sont, elles s'en vont où est le printemps.

CHAPITRE XIV

L'INTELLIGENCE NOIRE

Ceux que les initiés ont droit de nommer les profanes, la vile multitude, c'est-à-dire la foule des infirmes et des pervers de l'intelligence et du cœur, ceux qui adorent le dieu d'ombre ou qui croient adorer l'athéisme, tous ces gens-là entendent toujours sans entendre parce qu'ils sont présomptueux et de mauvaise foi. Le dogme même qu'on leur présente sous une forme absurde pour leur plaire, ils le comprennent toujours d'une manière plus absurde encore et plus souvent au rebours même de sa formule.

Ainsi lorsqu'ils répètent machinalement qu'il y a un seul Dieu en trois personnes, examinez-les bien, et vous verrez qu'ils entendent par là une seule personne en trois dieux.

Ils ont entendu dire et ils répètent que Dieu, c'est-à-dire le principe infiniment bon est partout, mais ils admettent des espaces ténébreux et immenses où Dieu n'est pas puisqu'on y souffre la peine du dam, c'est-à-dire la privation de Dieu. Que feriez-vous, demandait le théologien Thauler à un pauvre homme ou plutôt à un homme pauvre, car le pauvre homme était le théologien, que feriez-vous si Dieu voulait vous précipiter dans l'enfer ? — Je l'y entraînerais avec moi, répondit le gueux sublime, et l'enfer deviendrait le ciel.

Le théologien admira cette réponse mais il ne la comprit certainement pas.

— Oui, va se dire un docteur de la loi, Dieu est dans l'enfer, mais il y est seulement comme vengeur.

— Dites comme bourreau et supprimons le diable dont vous n'avez plus besoin ; ce sera toujours autant de gagné.

Lorsqu'ils parlent de rédemption, ils comprennent que Dieu ayant dans un mouvement de colère (non pas pour des prunes, mais pour une pomme) donné tous ses enfants au diable a été obligé pour les racheter de souffrir lui-même la mort sans cesser pour cela d'être l'immuable et l'éternel.

Si vous leur parlez de Kabbale, ils croiront toujours qu'il s'agit d'un grimoire chiffré qui fait venir le diable et qui gouverne le monde fantastique des sylphes et des gnômes, des salamandres et des ondins. S'agit-il de la magie, ils en sont encore à la baguette et à la coupe de Circé qui change les hommes en pourceaux ; ils comprendraient volontiers Zoroastre avec Mahomet et quant à Hermès Trismégiste ils pensent que c'est un nom bizarre dont on se sert pour mystifier les ignorants comme celui de Croquemitaine pour faire peur aux enfants.

L'ignorance a son orthodoxie comme la foi et l'on est hérétique devant les faux savants lorsqu'on connaît des choses qu'ils ignorent. Parce qu'il n'y a pas de vérités nouvelles les sages de ce monde appuient leur autorité sur la vétusté de l'erreur.

On sait d'ailleurs que les erreurs reçues étayent presque toujours les positions faites. C'est ainsi que tu réponds au souverain pontife ! s'écrie un valet en souffletant Jésus qui venait de parler avec une fermeté respectueuse. Comment, homme de rien, c'est l'autorité qui prouve son ignorance en t'accusant et tu prétends savoir ce qu'elle ignore ? Le pontife se trompe et tu t'en aperçois ? Il déraisonne et tu te permets d'avoir raison ?

Napoléon 1er détestait les idéologues parce qu'il était lui-même le plus grand idéologue du monde. Il voulait faire de la dynamique sans résistance aussi la force de résistance lui manqua-t-elle quand la force d'impulsion agressive qui avait été si longtemps la sienne se tourna tout à coup contre lui.

Depuis les origines de l'histoire nous voyons que c'est toujours le mensonge qui règne sur la terre ; il est vrai aussi que la vérité gouverne à grands coups de désastres et de fléaux. Cruelle et inflexible vérité ! Etonnons nous encore de ce que les hommes ne l'aime pas. Elle brise tour à tour les illusions des rois et des peuples et si elle a parfois quelques ministres dévoués elle les expose et les abandonne à la croix, au bûcher, à l'échafaud : Heureux toutefois ceux qui meurent pour elle ! Mais plus sages seront toujours ceux qui la servent assez habilement pour ne pas se briser inutilement contre le piédestal du martyre. Rabelais a été certes un plus grand philosophe que Socrate lorsqu'il sut en se cachant lui-même derrière le masque d'Aristophane échapper à la race toujours vivante des Anitus et des Melitus.

Galilée dont le nom seul voue le tribunal de la sainte Inquisition à une éternelle risée fut assez homme d'esprit pour ne braver ni la torture ni les cachots. Les correspondances du temps nous le montrent prisonnier dans un palais, buvant avec les inquisiteurs et signant *inter pocula* son acte ironique d'abjuration, loin de dire en frappant la terre du pied et en serrant les poings : *Pur si muove*. On dit qu'il ajouta : Oui, j'affirme sur votre parole que la terre est immobile et j'ajouterai si vous le voulez que les cieux sont de verre et plût à Dieu que vos fronts fussent de même ils laisseraient passer la lumière ; Rabelais eut terminé en disant : Et beuvons frais !

Mourir pour prouver à des fous que deux et deux font quatre ne serait-ce pas le plus ridicule des suicides ? Un théorème démontré ne pouvant plus être nié, l'abjuration d'une vérité mathématique devient évidemment une farce et une grimace dont le ridicule retombe sur ceux qui peuvent sérieusement l'exiger au nom d'une autorité prétendue infaillible. Galilée montant au bûcher pour protester contre l'Eglise eut été un hérésiarque. Galilée abjurant comme catholique ce qu'il avait démontré comme savant a tué le catholicisme du Moyen-Age.

Quelqu'un présentait un jour à l'auteur de ce livre un article du Syllabus en lui disant : Tenez, voici la condamnation formelle de vos doctrines. Si vous êtes catholique, admettez cela et brûlez vos livres ; si vous persistez au contraire dans ce que vous avez enseigné, ne nous parlez plus de votre catholicité.

L'article du Syllabus est le septième de la

section seconde et les doctrines qu'il condamne sont celles-ci :

Les prophéties et les miracles exposés et racontés dans les saintes écritures sont des fictions poétiques et les mystères de la foi chrétienne sont le résumé d'investigations philosophiques, dans les livres des deux testaments sont contenues des inventions mystiques et Jésus lui-même est un mythe. » J'étonnai beaucoup celui qui croyait me confondre en lui disant que telles n'étaient pas mes doctrines : Voici, lui dis-je, ce que j'enseigne ou plutôt ce que l'Eglise, la science et moi nous reconnaissons.

« Les prophéties et les miracles exposés et racontés dans l'Ecriture le sont sous une forme poétique particulière au génie des Orientaux. Les mystères de la foi chrétienne sont confirmés et expliqués, quant à l'expression, par les investigations philosophiques. Dans les livres des deux testaments sont contenues des paraboles et Jésus lui-même a été le sujet d'un grand nombre de paraboles et de légendes. » Je soumets sans crainte ces propositions au Pape et au futur Concile. Je suis bien assuré d'avance qu'ils ne les condamneront pas.

Ce que l'Eglise ne veut pas et qu'elle a mille fois raison de ne pas vouloir, c'est qu'on affecte de la contredire et en effet son infaillibilité étant nécessaire au maintien de la paix dans le monde chrétien, il faut que cette infaillibilité lui soit conservée à tout prix. Ainsi elle dirait que deux et deux font trois, je me garderais bien d'avouer qu'elle se trompe. Je chercherais comment et de quelle manière deux et deux peuvent faire trois et je chercherai afin de trouver soyez en sûr. Comme par exemple ceci : deux pommes et deux moitiés de pommes font trois pommes. Quand l'Eglise semble émettre une absurdité c'est tout simplement une énigme qu'elle propose pour éprouver la foi de ses fidèles.

Ce sera certes un grand et émouvant spectacle que celui de ce prochain concile général où la reine du vieux monde s'enveloppant dans sa pourpre déchirée s'affirmera plus souveraine que jamais au moment de tomber du trône et proclamera ses droits augmentés de prétentions nouvelles en face d'une spoliation imminente. Les évêques seront grands alors comme ces marins du *Vengeur* qui, sur un vaisseau prêt à sombrer s'irritaient au lieu de se rendre et tiraient leur dernière bordée en clouant leur pavillon au dernier tronçon de leur grand mât.

Ils savent bien d'ailleurs qu'une transaction les perdrait à jamais et que la flamme des autels s'éteindrait le jour même où les autels cesseraient d'être dans l'ombre. Quand le voile du temple se déchire, les dieux s'en vont et ils reviennent quand de nouvelles broderies dogmatiques ont épaissi un nouveau voile.

La nuit recule sans cesse devant le jour, mais c'est pour envahir de l'autre côté de l'hémisphère les régions que le soleil abandonne. Il faut des ténèbres, il faut des mystères impénétrables à cette intelligence noire qui croit à l'absurde et contrebalance le despotisme de la raison bornée par les audaces incommensurables de la foi. Le jour circonscrit les horizons et fait voir les limites du monde, c'est la nuit surtout, la nuit sans bornes avec son immense brouillard d'étoiles qui nous fait concevoir le sentiment de l'infini.

Etudiez l'enfant, c'est l'homme sortant des mains de la nature pour parler le langage de Rousseau et voyez quelles sont les dispositions de son esprit. Les réalités l'ennuient, les fictions l'exaltent, il comprend tout, excepté les mathématiques, il croit plutôt aux fables qu'à l'histoire. C'est qu'il y a de l'infini dans le premier sourire de la vie, c'est que l'avenir nous apparaît si merveilleux au début de l'existence qu'on rêve naturellement de géants et de fées au milieu de tant de miracles. C'est que le sens poétique, le plus divin des sens de l'homme, lui présente tout d'abord le monde comme un nuage du ciel. Ce sens est une douce folie souvent plus sage que la raison, si je puis parler de la sorte parce que notre raison à nous a toujours pour étroites limites les barrières que la science essaie lentement de reculer tandis que la poésie saute les yeux fermés dans l'infini et y jette à profusion toutes les étoiles de nos rêves.

L'œuvre de l'Eglise est de contenir dans de justes limites les croyances de la folie enfantine. Les fous sont des croyants indisciplinés et les croyants fidèles sont des fous qui reconnaissent l'autorité de la sagesse représentée par la hiérarchie.

Que la hiérarchie devienne réelle, que les conducteurs des aveugles ne soient plus des aveugles eux-mêmes et l'Eglise sauvera la société en reprenant elle-même pour ne plus les perdre jamais ses grandes vertus et sa puissance.

La science elle-même a besoin de la nuit pour observer la multitude des astres. Le soleil nous cache les soleils, la nuit nous les montre et ils semblent fleurir dans le ciel obscur comme les inspirations surhumaines apparaissent dans les ténèbres de la foi. Les ailes des anges se montrent blanches pendant la nuit; pendant le jour elles sont noires.

Le dogme n'est pas déraisonnable, il est extra-raisonnable ou supra-raisonnable et a toujours résumé les plus hautes aspirations de la philosophie occulte. Lisez l'histoire des conciles, vous verrez toujours dans les tendances des hérésiarques une apparence de progrès et de raison. L'Eglise semble toujours affirmer l'absurde et donner gain de cause à l'intelligence noire. Ainsi quand Arius croit sauvegarder l'unité divine en imaginant une substance analogue mais supérieure à celle de Dieu. (La substance de Dieu qui est immatériel et infini!) L'Eglise à Nicée proclame l'unité de substance analogue à l'unité de Dieu. Quand on veut faire de Jésus-Christ un personnage hybride composé d'une personne divine et d'une personne humaine. L'Eglise repousse cet alliage du fini et de l'infini et déclare qu'il ne peut y avoir qu'une personne en Jésus-Christ. Quand Pélage exagérant chez l'homme l'orgueil et les obligations du libre arbitre voue d'une manière irrémédiable la masse des pécheurs à l'enfer. L'Eglise affirme la grâce qui opère le salut des injustes et qui par les vertus de l'élection supplée à l'insuffisance des hommes. Les prérogatives accordées à la vierge, mère de Dieu, indignent les prudhommes protestants et ils ne voient pas que dans cette adorable personnification, c'est l'humanité qu'on arrache aux souillures du péché originel, c'est la génération qu'on réhabilite. Cette femme qu'on relève, c'est la mère qu'on glorifie : *Credo in unam sanctam catholicam et apostolicam ecclesiam.*

Le dogme catholique, c'est-à-dire universel, ressemble à cette nuée qui précédait les Israëlites dans le désert, obscure pendant le jour et lumineuse pendant la nuit. Le dogme est le scandale des faux sages et la lumière des ignorants. La nuée au passage de la mer Rouge se plaça, dit l'Exode, entre les Hébreux et les Égyptiens, splendide pour Israël et ténébreuse pour l'Egypte ; il en a été toujours ainsi pour le dogme universel que les seuls initiés doivent comprendre. Il est à la fois ombre et clarté. Pour supprimer l'ombre des Pyramides il faudrait abattre les Pyramides ; il en est de même des obscurités du dogme éternel. On dit et l'on répète tous les jours que la réconciliation est impossible entre la religion et la science. On se trompe de mot, ce n'est pas conciliation, c'est fusion ou confusion qu'il faut dire. Si jusqu'à présent la science et la foi ont paru inconciliables, c'est qu'on a toujours essayé en vain de les mêler ensemble et de les confondre. Il n'y a qu'un moyen de les concilier, c'est de les distinguer et de les séparer l'une de l'autre d'une manière complète et absolue. Consulter le pape lorsqu'il s'agit de la démonstration d'un théorème, soumettre à un mathématicien une distinction théologique, ce seraient deux absurdités équivalentes. L'immaculée conception de la Vierge n'est pas une question d'embryologie et la table des logarithmes n'a rien de commun avec les tables de la Loi. La science est forcée d'admettre ce qui est démontré et la foi quand elle est réglée par une autorité qu'il est raisonnable et même nécessaire d'admettre, ne peut rien rejeter de ce qui est article de foi. La science ne démontrera jamais que Dieu et l'âme n'existent pas et l'Eglise a été forcée de se dédire devant la démonstration des systèmes de Copernic et de Galilée. Cela prouve-t-il qu'elle peut se tromper en matière de foi? Non, mais qu'elle doit rester dans son domaine. Elle-même ne prétend pas que Dieu lui ait révélé les théorèmes de la science universelle.

Ce qui peut être observé par la science ce sont les phénomènes que produit la foi et elle peut alors suivant la parole de Jésus-Christ lui-même, juger de l'arbre par les fruits. Il est évident qu'une croyance qui ne rend pas les hommes meilleurs, qui n'élève pas leurs pensées, qui n'agrandit pas leur volonté uniquement dans le bien, le beau et le juste est une croyance mauvaise ou pervertie. Le judaïsme de Moyse et de la Bible a fait le grand peuple de Salomon et des Machabées. La juiverie des Rabbins et du dernier Talmud a fait les usuriers sordides qui empoisonnent le Ghetto.

Le catholicisme a aussi son Talmud corrompu c'est le fatras insensé des théologiens et des casuistes, c'est la jurisprudence des inquisiteurs, c'est le mysticisme nauséabond des capucins et des béates. Sur ces doctrines anti-chrétiennes et impures s'appuient des intérêts matériels et honteux. C'est contre cela qu'il faut protester de toutes les manières et non contre la majesté des dogmes.

Dès les premiers siècles, quand la religion fut protégée et souillée par l'Empire; des chrétiens que l'Eglise appellent des saints mirent le désert entre eux et ses autels. Ils l'aimaient pourtant de toute leur âme, mais ils allaient prier et pleurer loin d'elle. Celui qui écrit ce livre est un catholique du désert.

La Thébaïde n'a rien d'affreux; toutefois et il a toujours préféré l'abbaye de Thélème, fondée par Rabelais à l'hermitage de saint Antoine. L'humanité n'a plus besoin d'ascètes, il lui faut des sages et des travailleurs qui vivent avec elle et pour elle, le salut est de nos jours à ce prix là.

Il y a dans la Kabbale de Rabbi Schiméon ben Jochaï un Dieu blanc et un Dieu noir, il y a dans la nature des hommes noirs et des hommes blancs et il y a aussi dans la philosophie occulte une intelligence blanche et une intelligence noire.

Pour avoir la science de la lumière, il faut savoir calculer l'intensité et la direction de l'ombre. Les peintres les plus savants sont ceux qui ont l'intelligence du clair obscur.

Pour bien enseigner, il faut savoir se mettre à la place de ceux qui comprennent mal.

L'intelligence noire c'est la divination des mystères de la nuit, c'est le sentiment de la réalité des formes de l'invisible.

C'est la croyance à la possibilité vague. C'est la lumière dans le rêve. Pendant la nuit, tous les êtres sont comme des aveugles, excepté ceux qui, comme le hibou, le chat et le lynx ont du phosphore dans les yeux. Pendant la nuit, le hibou dévore les oiseaux sans défense; ayons des yeux de lynx pour faire la guerre aux hiboux, mais n'incendions pas les forêts sous prétexte d'éclairer les oiseaux.

Respectons les mystères de l'ombre tout en gardant notre lampe allumée et sachons même entourer notre lampe d'un voile pour ne pas attirer les insectes qui pendant la nuit aiment à boire le sang de l'homme.

CHAPITRE XV

LE GRAND ARCANE

Le grand arcane, l'arcane indicible, l'arcane dangereux, l'arcane incompréhensible peut se formuler définitivement ainsi :

C'est la divinité de l'homme.

Il est indicible parce que dès qu'on veut le dire, son expression est un mensonge et le plus monstrueux des mensonges.

En effet l'homme n'est pas Dieu. Et pourtant la plus hardie, la plus obscure à la fois et la plus splendide des religions nous dit d'adorer l'homme-Dieu.

Jésus-Christ qu'elle déclare vrai homme, homme complet, homme fini, homme mortel comme nous est en même temps complètement Dieu et la théologie ose proclamer la communication des idiomes, c'est-à-dire l'adoration adressée à la chair. L'Eternité affirmée quand il s'agit de celui qui meurt, l'impassibilité de celui qui souffre, l'immensité de celui qui se transfigure, le fini prenant la virtualité de l'infini, le Dieu homme enfin qui offre à tous les hommes de les faire Dieu.

Le serpent avait dit *Eritis sicut dii.* Jésus-Christ écrasant la tête du serpent sous le pied charmant de sa mère ose dire : *Eritis non sicut dii, non sicut Deus, sed eritis Deus!*

Vous serez Dieu, car Dieu est mon père, mon père et moi ne sommes qu'un et je veux que vous et moi ne soyons qu'un : *ut omnes unum sint sicut ego et pater unum sumus.*

J'ai vieilli et j'ai blanchi sur les livres les plus inconnus et les plus redoutables de l'occultisme, mes cheveux sont tombés, ma barbe s'est allongée comme celle des pères du désert; j'ai cherché et j'ai trouvé la clef des symboles de Zoroastre; j'ai pénétré dans les cryptes de Manès, j'ai surpris le secret d'Hermès oubliant de me dérober un coin du voile qui cache éternellement le grand œuvre; je sais ce que le sphinx colossal qui s'est enfoncé lentement dans le sable en contemplant les pyramides. J'ai pénétré les énigmes des Brahmes. Je sais quels mystères Schiméon ben Jockaï ensevelissait avec lui pendant douze années dans le sable; les clavicules perdues de Salomon me sont apparues resplendissantes de lumière et j'ai lu couramment dans les livres que Méphistophélès lui-même ne savait pas traduire à Faust. Eh bien nulle part, ni dans la Perse, ni dans l'Inde, ni parmi les palimpsestes de l'antique Egypte, ni dans les grimoires maudits soustraits aux bûchers du moyen-âge je n'ai trouvé un livre plus profond, plus révélateur, plus lumineux dans ses mystères, plus effrayant dans ses révélations splendides, plus certain dans ses prophéties, plus profond scrutateur des abîmes de l'homme et des ténèbres immenses de Dieu, plus grand, plus vrai, plus simple, plus terrible et plus doux que l'Evangile de Jésus-Chrïst.

Quel livre a été plus lu, plus admiré, plus calomnié, plus travesti, plus glorifié, plus tourmenté et plus ignoré que celui-là. Il est comme un miel dans la bouche des sages et comme un poison violent dans les entrailles du monde : La Révolution le réalise en voulant le combattre ; Proud'hon se tord pour le vomir ; il est invincible comme la vérité et insaissable comme le mensonge. Dire que Dieu est, un homme quel blasphème ô Israël et vous chrétiens quelle folie. Dire que l'homme peut se faire Dieu quel paradoxe abominable ! A la croix le profanateur de l'arcane, au bûcher les initiateurs, *Christianos ad Leonem!*

Les chrétiens ont usé les lions et le monde tout entier conquis par le martyre aux ténèbres du grand arcane s'est trouvé tâtonnant comme Œdipe devant la solution du dernier problème celui de l'homme-Dieu.

L'homme Dieu est une vérité s'est alors écriée une voix, mais il doit être unique sur la terre comme au ciel. L'homme Dieu, l'infaillible, le tout-puissant c'est le pape ; et au bas de cette proclamation qui a été écrite et répétée sous toutes les formes on peut lire des noms parmi lesquels figure Alexandre Borgia.

L'homme Dieu c'est l'homme libre a dit ensuite la réforme dont le cri qu'on a voulu refouler dans la bouche des protestants s'est terminé par le rugissement de la révolution. Le mot terrible de l'énigme était prononcé mais il devenait une énigme plus formidable encore. Qu'est-ce que la vérité avait dit Pilate en condamnant Jésus-Christ. Qu'est-ce que la liberté disent les Pilates modernes en se lavant les mains dans le sang des nations.

Demandez aux révolutionnaires depuis Mirabeau jusqu'à Garibaldi ce que c'est que la liberté et ils ne parviendront jamais à s'entendre.

Pour Robespierre et Marat c'est un couperet adapté à un niveau, pour Garibaldi c'est une chemise rouge et un sabre.

Pour les idéologues, c'est la déclaration des droits de l'homme, mais de quel homme s'agit-il, l'homme du bagne est-il supprimé parce que la société l'enchaîne ?

L'homme a-t-il des droits simplement parce qu'il est homme ou seulement lorsqu'il est juste ?

La liberté pour les profanes multitudes c'est l'affirmation absolue du droit, le droit semblant toujours entraîner avec lui la contrainte et la servitude.

Si la liberté est seulement le droit de bien faire elle se confond avec le devoir et ne se distingue plus guère de la vertu.

Tout ce que le monde a vu et expérimenté jusqu'à présent ne nous donne pas la solution du problème posé par la magie et par l'évangile : le grand Arcane de l'homme-dieu.

L'homme Dieu n'a ni droits ni devoirs, il a la science, la volonté et la puissance.

Il est plus que libre, il est maître, il ne commande pas, il fait faire, il n'obéit pas parce que personne ne peut rien lui commander. Ce que d'autres appellent le devoir il le nomme son bon plaisir, il fait le bien parce qu'il le veut et ne saurait vouloir autre chose, il coopère librement à toute justice et le sacrifice est pour lui le luxe de la vie morale et la magnificence du cœur. Il est implacable pour le mal parce qu'il est sans haine pour le méchant. Il regarde comme un bienfait le châtiment réparateur et ne comprend pas la vengeance.

Tel est l'homme qui a su parvenir au point central de l'équilibre et on peut sans blasphème et sans folie l'appeler l'homme Dieu parce que son âme s'est identifiée avec le principe éternel de la vérité et de la justice.

La liberté de l'homme parfait est la loi divine elle-même, elle plane au-dessus de toutes les lois humaines et de toutes les obligations conventionnelles des cultes. La loi est faite pour l'homme, disait le Christ, et non pas l'homme pour la loi. Le fils de l'homme est le maître du sabbat; c'est-à-dire que la prescription d'observer le sabbat, imposé par Moyse sous peine de mort, n'oblige l'homme qu'autant que cela peut lui être utile puisqu'il est en définitive le souverain maître. Tout m'est permis, disait saint Paul, mais tout n'est pas expédient, ce qui veut dire que nous avons le droit de faire tout ce qui ne nuit ni à nous ni aux autres et que notre liberté n'est limitée que par les avertissements de notre conscience et de notre raison.

L'homme sage n'a jamais de scrupules il agit raisonnablement et ne fait jamais que ce qu'il veut c'est ainsi que dans sa sphère il peut tout et qu'il est impeccable. *Qui natus est ex Deo non peccat,* dit saint Paul parce que ses erreurs étant involontaires ne sauraient lui être imputées.

C'est vers cette souveraine indépendance que l'âme humaine doit s'avancer à travers les difficultés du progrès. C'est là véritablement le grand arcane de l'occultisme car c'est ainsi que se réalise la promesse mystérieuse du serpent : vous serez comme des dieux connaissant le bien et le mal.

C'est ainsi que le serpent édenique se transfigure et devient le serpent d'airain guérisseur de toutes les blessures de l'humanité. Jésus-Christ lui-même a été comparé par les pères de l'Eglise à ce serpent car il a pris disent-ils la forme du péché pour changer l'abondance de l'iniquité en surabondance de justice.

Ici nous parlons sans détours et nous montrons la vérité sans voiles et pourtant nous ne craignons pas qu'on nous accuse avec raison d'être un révélateur téméraire. Ceux qui ne doivent pas comprendre ces pages ne les comprendront pas, car pour les regards trop faibles la vérité qu'on montre nue se fait un voile de sa lumière et se cache dans l'éclat de sa propre splendeur.

CHAPITRE XVI

L'AGONIE DE SALOMON

La foi est une puissance de la jeunesse et le doute est un symptôme de décrépitude.

Le jeune homme qui ne croit à rien ressemble à un avorton qui aurait des rides et des cheveux blancs.

Quand l'esprit s'affaiblit, quand le cœur s'éteint, on doute de la vérité et de l'amour. Quand les yeux se troublent on croit que le soleil n'éclaire plus et l'on en vient à douter même de la vie parce qu'on sent par avance les approches froides de la mort.

Voyez les enfants, quel rayonnement dans leurs yeux, quelle croyance immense à la lumière, au bonheur, à l'infaillibilité de leur mère, aux dogmes de leur nourrice ! Quelle mythologie que leurs inventions. Quelle âme ils prêtent à leurs jouets et à leurs poupées ! Quel paradis que leurs regards ! Oh les beaux anges bien aimés ! Les miroirs de Dieu sur la terre ce sont les yeux des petits enfants. Le jeune homme croit à l'amour, c'est l'âge du cantique des cantiques, l'homme mûr croit aux richesses, aux triomphes et même parfois à la sagesse. Salomon touchait à l'âge mûr lorsqu'il écrivit son livre des proverbes.

Puis l'homme cesse d'être aimable et il proclame la vanité de l'amour, il se blase et ne croit plus aux jouissances que donnent les richesses ; les erreurs et les abus de la gloire le dégoûtent même des succès. Son enthousiasme s'épuise, sa générosité s'use, il devient égoïste et défiant, alors il doute même de la science et de la sagesse et Salomon écrit son triste livre de l'Ecclésiaste.

Que reste-t-il alors du beau jeune homme qui écrivait : Ma bien aimée est unique entre les belles, l'amour est plus invincible que la mort et celui qui donnerait pour un peu d'amour toute sa fortune et toute sa vie l'aurait encore acheté pour rien ?... Hélas, lisez maintenant ceci dans l'Ecclésiaste :

J'ai trouvé un homme sur mille et sur toutes les femmes, pas une. J'ai considéré toutes les erreurs des hommes et j'ai trouvé que la femme est plus amère que la mort. Ses charmes sont les filets du chasseur et ses faibles bras sont des chaînes. » — Salomon vous avez vieilli.

Ce prince avait surpassé en magnificence tous les monarques de l'Orient, il avait bâti le temple qui était une merveille du monde et qui devait, suivant le rêve des Juifs, devenir le centre de la civilisation asiatique. Ses vaisseaux se croisaient avec ceux d'Hiram roi de Tyr. Les richesses de tous les peuples affluaient à Jérusalem. Il passait pour le plus sage des hommes et il était le plus puissant des rois. Il s'était initié à la science des sanctuaires et l'avait résumée dans une vaste encyclopédie, il était allié par de nombreux mariages à toutes les puissances de l'Orient. Il se crut alors le maître absolu du monde et crut qu'il était temps de réaliser la synthèse de tous les cultes. Il voulut grouper autour du centre inaccessible où l'on adorait l'abstraite unité de Jehovah les incarnations brillantes de la divinité dans les nombres et dans les formes. Il voulait que la Judée ne fut plus inaccessible aux arts et qu'il fut permis au ciseau du statuaire de créer des Dieux.

Le temple de Jehovah était unique comme le soleil et Salomon voulut compléter son univers en donnant à ce soleil toute une cour de planètes et de satellites; il fit donc bâtir des temples sur les montagnes qui entouraient Jérusalem. Dieu manifesté dans les phénomènes du temps il fut adoré sous le nom de Saturne ou de Moloch. Salomon conserva tout le symbolisme de cette grande image et supprima seulement les sacrifices d'enfants et les victimes humaines; il inaugura autour de l'autel de Vénus ou d'Astarté les fêtes de la beauté, de la jeunesse et de l'amour, ce triple sourire de Dieu qui rassure et console la terre.

S'il eut réussi la gloire et la puissance de Jérusalem eussent fait avorter celle de Rome et le Christianisme n'aurait pas eu sa raison d'être. Salomon devenait le messie promis aux Hébreux. Mais le fanatisme rabbinique s'alarma. Les vieux sages qui entouraient le fils de Bethsabée furent suspects d'apostasie. Les jeunes scribes et la tourbe remuante des lévites parvinrent à circonvenir la jeunesse de Roboam fils de Salomon et le vieux roi sentit un jour avec épouvante que son héritier ne continuerait pas son œuvre. Le doute alors entra dans son cœur et avec le doute une profonde désespérance. C'est alors qu'il écrivit : « J'ai fait des travaux immenses et je vais laisser tout à un héritier qui sera peut-être un insensé. Tout n'est que vanité sous le soleil et tout semble tourner dans un cercle fatal ; le juste ici-bas n'est pas plus heureux que l'impie et c'est une vanité que de se livrer à l'étude car en augmentant sa science on augmente ses chagrins. L'homme meurt comme la bête et personne ne sait si l'esprit des hommes monte en haut ou si celui des bêtes descend en bas. L'homme trop sage tombe dans la stupeur et personne ne sait s'il est digne d'amour ou de haine. Vivons donc au jour le jour et attendons que Dieu nous juge. » « Malheur, dit-il encore en songeant amèrement à son fils, malheur à la nation dont le prince n'est qu'un enfant. » Ces tristesses infinies d'une grande âme isolée sur le faîte de la puissance et qui sent à la fois la terre et les ailes lui manquer rappellent les plaintes de Job et le cri de Jésus sur le Calvaire : *Eli, Eli, Lamma Sabchtani*.

Au lieu d'avoir créé l'unité du monde avec Jérusalem pour centre, Salomon sentait que son propre royaume allait violemment se déchirer. Le peuple remuait et voulait des réformes que depuis longtemps peut-être on lui avait promises, le temple était fini et les impôts exceptionnels qui avaient pour objet ou pour prétexte la construction du temple n'avaient pas été diminués.

Un agitateur nommé Jéroboam se faisait un parti dans les provinces. Roboam devenu l'instrument aveugle des prétendus conservateurs jetait presque publiquement au feu les livres philosophiques de son père qui ne se trouvèrent plus après la mort de Salomon et le vieux maître des esprits, délaissé par tous ceux qu'il aimait ressemblait à ce roi de Thulé de la ballade allemande qui pleure en silence dans sa coupe et boit un vin mêlé de larmes. C'est alors qu'il maudit la joie en lui disant : Pourquoi m'as-tu trompé ? C'est alors qu'il écrit : « Mieux vaut aller dans la maison des pleurs que dans la maison du rire. — Mais pourquoi ? Il ne le dit pas. Plus tard une sagesse plus grande que la sienne, venue pour essuyer toutes les larmes devait s'écrier : vous êtes heureux vous qui pleurez parce que vous rirez un jour. Ainsi c'est le rire et le bonheur que Jésus est venu promettre aux hommes. Saint Paul, son apôtre, écrivait à ses disciples soyez toujours en joie : *Semper gaudjte*.

Le sage pleure quand il est heureux et sourit bravement quand il souffre. Les anciens pères de l'Eglise combattaient un huitième péché capital et ils le nommaient la tristesse.

Salomon connaissait dit-on la vertu secrète

des pierreries et les propriétés des plantes, mais il est un secret qu'il ignorait, puisqu'il a écrit l'Ecclésiaste, un secret de bonheur et de vie, un secret qui chasse l'ennui en éternisant le bonheur et l'espérance :

Le secret de ne pas vieillir !

Existe-t-il un secret semblable ? Est-il des hommes qui ne vieillissent jamais ? L'élixir de Flamel est-il une réalité ? Et faut-il croire comme le disent les amis trop passionnés du merveilleux, que le célèbre alchimiste de la rue des écrivains a trompé la mort et que sous un autre nom il vit encore avec sa femme Pernelle dans une riche solitude du nouveau monde ?

Non, nous ne croyons pas à l'immortalité de l'homme sur la terre. Mais nous croyons et nous savons que l'homme peut se préserver de vieillir.

On peut mourir lorsqu'on a vécu un siècle ou près d'un siècle ; il est temps alors pour l'âme, toujours de quitter son vêtement qui n'est plus de mode ; il est temps non pas de mourir, car nous l'avons déjà dit, nous ne croyons pas à la mort mais d'aspirer à une seconde naissance et de commencer une vie nouvelle.

Mais jusqu'au dernier soupir on peut conserver les joies naïves de l'enfance, les poétiques extases du jeune homme, les enthousiasmes de l'âge mûr. On peut s'enivrer jusqu'à la fin de fleurs, de beauté et de sourires, on peut ressaisir sans cesse ce qui est passé et retrouver toujours ce qu'on a perdu. On peut trouver une éternité réelle dans le beau rêve de la vie.

Que faut-il faire pour cela? allez-vous sûrement me demander. Lisez attentivement et méditez sérieusement je vais vous le dire:

Il faut s'oublier soi même et vivre uniquement pour les autres.

Quand Jésus a dit : Si quelqu'un veut venir après moi qu'il renonce à lui-même, qu'il porte sa croix et qu'il me suive. A-t-il prétendu qu'on allait s'ensevelir dans une solitude lui qui a toujours vécu parmi les hommes embrassant et bénissant les petits enfants, relevant les femmes tombées dont il ne dédaigne ni les caresses ni les larmes, mangeant et buvant avec les parias du pharisaïsme jusqu'a faire dire de lui : Cet homme est un glouton et un buveur de vin ; aimant tendrement St Jean et la famille de Lazare, supportant St Pierre, guérissant les malades et nourrissant les multitudes dont il multiplie les ressources par les miracles de la charité. En quoi cette vie ressemble-t-elle à celle d'un trappiste ou d'un Stylite et comment l'auteur d'un traité célèbre qui préconise l'isolement et la concentration en soi-même a-t-il osé appeler un pareil traité l'imitation de Jésus-Christ.

Vivre dans les autres, avec les autres et pour les autres voilà le secret de la charité et c'est celui de la vie éternelle. C'est aussi celui de l'éternelle jeunesse. Si vous ne devenez pas semblables aux enfants disait le maitre vous n'entrerez pas dans le royaume des cieux.

Aimer c'est vivre dans ceux qu'on aime, c'est penser leurs pensées, deviner leurs désirs, partager leurs affections ; plus on aime plus on augmente sa propre vie. L'homme qui aime n'est plus seul et son existence se multiplie, il s'appelle famille, patrie, humanité. Il bégaie et joue avec les enfants, se passionne avec la jeunesse, raisonne avec l'âge mûr et tend la main à la vieillesse.

Salomon n'aimait plus lorsqu'il écrivit l'Ecclésiaste et il était tombé dans l'aveuglement de l'esprit par la décrépitude du cœur. Ce livre est l'agonie d'un esprit sublime qui va s'éteindre faute d'être alimenté par l'amour. Il est triste comme le génie solitaire de Chataubriand, comme les poésies du dix-neuvième siècle. Et pourtant le dix-neuvième siècle a produit Victor Hugo qui est la preuve vivante des choses que je viens d'avancer. Cet homme égoïste d'abord, a été vieux dans sa jeunesse, puis quand ses cheveux ont blanchi il a compris l'amour et il est redevenu jeune. Comme il adore les enfants ! comme il respire toutes les sèves et toutes les divines folies de la jeunesse ! Quel grand panthéisme d'amour que ses dernières poésies ! Comme il comprend le rire et les larmes ! Il a la foi universelle de Goethe et l'immensité philosophique de Spinosa. Il est Rabelais et Shakespeare. — Victor Hugo vous êtes un grand magicien sans le savoir et vous avez trouvé mieux que le pauvre Salomon l'arcane de la vie éternelle !

CHAPITRE XVII

LE MAGNÉTISME DU BIEN

On dit et l'on répète tous les jours que les gens de bien sont malheureux en ce monde tandis que les méchants prospèrent et sont heureux. C'est un stupide et abominable mensonge.

Ce mensonge vient de l'erreur vulgaire qui confond la richesse avec le bonheur ; comme si l'on pouvait dire sans folie que Tibère, Caligula, Néron, Vitellius ont été heureux ils étaient riches pourtant et de plus ils étaient les maîtres du monde et pourtant leur cœur était sans repos, leurs nuits, sans sommeil et leur conscience était fouettée par les furies.

Est-ce qu'un pourceau deviendrait un homme quand même on lui servirait des truffes dans une auge d'or.

Le bonheur est en nous il n'est pas dans nos écuelles et Malfilâtre mourant de faim eut mérité sa destinée s'il eut regretté alors de n'être pas un pourceau à l'engrais.

Lequel est le plus heureux de Socrate ou de Trimalcyon (Ce personnage de Petroye est la carricature de Claude.) Trimalcyon serait mort d'une indigestion si on ne l'eut pas empoisonné.

Il est des gens de bien qui souffrent la pauvreté et même la misère, je n'en disconviens pas, mais souvent c'est par leur faute et souvent aussi c'est leur pauvreté même qui conserve leur honnêteté. La richesse peut-être les corromprait et les perdrait. Il ne faut pas considérer comme véritables gens de bien ceux qui appartiennent à la foule des sots, des courages médiocres et des volontés molles, ceux qui obéissent aux lois par crainte ou par faiblesse, les dévots qui ont peur du diable et les pauvres diables qui ont peur de Dieu. Tous ces gens-là sont le bétail de la sottise et ne savent profiter ni de l'or ni de la richesse, ni de la misère, mais le sage, le vrai sage, peut-on jamais sérieusement le plaindre et lorsqu'on lui fait du mal n'est-ce pas toujours par envie? Mais plusieurs de mes lecteurs vont dire ici d'un air désappointé : vous nous promettez de la magie et vous faites de la morale. Nous avons assez de philosophie, parlez-nous maintenant des forces occultes. — Soit, vous qui avez lu mes livres vous savez ce que signifient les deux serpents du caducée, ce sont les deux courants contraires du magnétisme universel. Le serpent de lumière créatrice et conservatrice et le serpent du feu éternel qui dévore pour régénérer.

Les bons sont aimantés, vivifiés et conservés par la lumière impérissable, les méchants sont brûlés par le feu éternel.

Il y a communion magnétique et sympathique entre les enfants de la lumière, ils se baignent tous dans la même source de vie; ils sont heureux tous du bonheur les uns des autres.

Le magnétisme positif est une force qui rassemble et le magnétisme négatif est une force qui disperse.

25

La lumière attire la vie et le feu porte avec lui la destruction.

Le magnétisme blanc c'est la sympathie et le magnétisme noir c'est l'aversion.

Les bons s'aiment les uns les autres et les méchants se haïssent les uns les autres parce qu'ils se connaissent.

Le magnétisme des bons attiront à eux tout ce qui est bon et lorsqu'il n'attire pas les richesses c'est qu'elles leurs seraient mauvaises.

Les héros de l'antique philosophie et du Christianisme primitif n'embrassaient-ils pas la sainte pauvreté comme une sévère gardienne du travail et de la tempérance ?

D'ailleurs les gens de bien sont-ils jamais pauvres ? n'ont-ils pas toujours des choses magnifiques à donner ? Etre riche, c'est donner ; donner c'est amasser, et la fortune éternelle se forme uniquement de ce qu'on donne.

Il existe réellement et en vérité une atmosphère du bien comme une atmosphère du mal. Dans l'une on respire la vie éternelle et dans l'autre la mort éternelle.

Le cercle symbolique que forme le bon serpent se mordant la queue, le pléroma des gnostiques, le nimbe des saints de la légende dorée c'est le magnétisme du bien.

Toute tête sainte rayonne et les rayonnements des saints s'entrelacent les uns les autres pour former des chaînes d'amour.

Aux rayons de grâce se rattachent les rayons de gloire ; les certitudes du ciel fécondent les bons désirs de la terre. Les justes qui sont morts ne nous ont pas quittés, ils vivent en nous et par nous, ils nous inspirent leurs pensées et se réjouissent des nôtres. Nous vivons dans le ciel avec eux et ils luttent avec nous sur la terre car nous l'avons dit et nous le répétons solennellement encore, le ciel symbolique, le ciel que les religions promettent au juste n'est pas un bien c'est un état des âmes, le ciel c'est l'harmonie éternelle généreuse et l'enfer, l'irrémédiable enfer c'est le conflit inévitables des instinct lâches.

Mahomet suivant les habitudes du style oriental présentait à ses disciples une allégorie qu'on a prise pour un conte absurde à peu près comme le fait Voltaire pour les paraboles de la Bible.

Il existe disait-il, un arbre nommé Tuba si vaste et si touffu qu'un cheval lancé au galop et partant du pied de cet arbre galoperait pendant cent ans avant de sortir de son ombre. Le tronc de cet arbre est d'or ses branches portent pour feuilles des talismans faits de pierreries merveilleuses qui laissent tomber dès qu'on les touche tout ce que les vrais croyants peuvent désirer, tantôt des mets délicieux, tantôt des vêtements splendides. Cet arbre est invisible pour les impies mais il introduit une de ses branches dans la maison de tous les justes et chaque branche a les propriétés de l'arbre entier. Cet arbre allégorique c'est le magnétisme du bien. C'est ce que les chrétiens appellent la grâce. C'est ce que le symbolisme de la Genèse désigne sous le nom de l'arbre de vie. Mahomet avait deviné les secrets de la science et il parle comme un initié lorsqu'il raconte les beautés et les merveilles de l'arbre d'or, du gigantesque arbre Tuba.

Il est pas bon que l'homme soit seul a dit la sagesse éternelle et cette parole est l'expression d'une loi. Jamais l'homme n'est seul soit dans le bien soit dans le mal. Son existence et ses sensations sont en même temps individuelles et collectives.

Tout ce que les hommes de génie trouvent ou attirent de lumière rayonne pour l'humanité entière. Tout ce que les justes font de bien profite en même temps à tous les justes et mérite des grâces de repentir aux méchants. Le cœur de l'humanité a des fibres dans tous les cœurs.

Tout ce qui est vrai est beau, il n'y a rien de vain sous le soleil que l'erreur et le mensonge. La douleur même et la mort sont belles parce qu'elles sont le travail qui purifie et la transfiguration qui délivre. Les formes passagères sont vraies parce qu'elles sont les manifestations de la force et de la beauté éternelle. L'amour est vrai, la femme est sainte et sa conception est immaculée. La vraie science ne trompe jamais, la foi, raisonnable n'est pas une illusion. Le rire de la gaité sympathique est un acte de foi, d'espérance et de charité. Craindre Dieu c'est le méconnaître, il ne faut craindre que l'erreur. L'homme peut tout ce qu'il veut lorsqu'il ne veut que la justice. Il peut même s'il le veut se précipiter dans l'injustice mais il s'y brisera. Dieu se révèle à l'homme dans l'homme et par l'homme. Son vrai culte c'est la charité. Les dogmes et les rites changent et se succèdent la charité ne change, pas et sa puissance est éternelle.

Il n'y a qu'une seule et véritable puissance sur la terre comme au ciel c'est celle du bien. Les justes sont les seuls maîtres du monde. Le monde a des convulsions lorsqu'ils souffrent il se transforme quand ils meurent. L'oppression de la justice est une compression d'une force bien autrement terrible que celle des matières fulminantes. Ce ne sont pas les peuples qui font les révolutions, ce sont les rois. La juste personne est inviolable, malheur à qui la touche! Les Césars sont tombés en cendres, brûlés par le sang des martyrs. Ce qu'un juste veut, Dieu l'approuve. Ce qu'un juste écrit, Dieu le signe et c'est un testament éternel.

Le grand mot de l'énigme du sphinx, c'est Dieu dans l'homme et dans la nature. Ceux qui séparent l'homme de Dieu le séparent de la nature parce que la nature est pleine de Dieu et repousse avec horreur l'athéisme. Ceux qui séparent l'homme de la nature, sont comme des fils qui pour honorer leur père lui couperaient la tête. Dieu est pour ainsi dire la tête de la nature, sans lui elle ne serait pas, sans elle il ne se manifesterait pas.

Dieu est notre père, mais c'est la nature qui est notre mère. Honore ton père et ta mère dit le décalogue afin que tu vives longuement sur la terre. *Emmanuel* Dieu est avec nous, tel est le mot sacré des initiés connus seulement sous le nom de Frères de la Rose-Croix. C'est en ce sens que Jésus-Christ a pu sans blasphêmer se dire le fils de Dieu et Dieu lui-même. C'est en ce sens qu'il veut que nous ne fassions qu'un avec lui comme il ne fait qu'un avec son père et qu'ainsi l'humanité régénérée réalise en ce monde le grand Arcane de l'homme Dieu.

Aimons Dieu les uns dans les autres car Dieu ne se montrera jamais autrement à nous. Tout ce qu'il y a d'aimable en nous c'est Dieu qui est en nous et l'on ne peut aimer que Dieu et c'est toujours Dieu qu'on aime quand on sait véritablement aimer.

Dieu est lumière et il n'aime pas les ténèbres. Si donc nous voulons sentir Dieu en nous, éclairons nos âmes. L'arbre de la science n'est un arbre de mort que pour Satan et ses apôtres, c'est le mancenillier *des superstitions, mais pour nous c'est l'arbre de vie.*

Etendons les mains et prenons les fruits de cet arbre il nous guérira des appréhensions de la mort.

Alors nous ne dirons plus comme de stupides esclaves: Ceci est bien parce qu'on nous l'ordonne en nous promettant une récompense et cela est mal parce qu'on nous le défend en nous menaçant du supplice.

Mais nous dirons : Faisons cela parce que

nous savons que c'est bien et ne faisons pas ceci parce que nous savons que c'est mal.

Et ainsi sera réalisé la promesse du serpent symbolique :

Vous serez comme des Dieux connaissant le bien et le mal.

FIN

TABLE DES MATIÈRES

	PAGES
Lettre du Baron Spedaliéri	V
Introduction	VII

LIVRE PREMIER

Note de l'Éditeur 3

LIVRE SECOND

Le Mystère royal ou l'Art de soumettre les puissances

Chapitre	I. — Le Magnétisme	7
—	II. — Le Mal	18
—	III. — La Solidarité dans le Mal	30
—	IV. — La double Chaîne	41
—	V. — Les Ténèbres extérieures	47
—	VI. — Le Grand Secret	57
—	VII. — Le Pouvoir qui crée et qui transforme	67
—	VIII. — Les Émanations astrales et les Projections magnétiques	77
—	IX. — Le Sacrifice magique	86
—	X. — Les Évocations	95
—	XI. — Les Arcanes de l'Anneau de Salomon	109
—	XII. — Le Secret terrible	116

LIVRE TROISIÈME

Le Mystère sacerdotal ou l'art de se faire servir par les Esprits.

Chapitre	I. — Les Forces errantes	135
—	II. — Les Pouvoirs des Prêtres	144
—	III. — L'Enchaînement du Diable	150

TABLE DES MATIÈRES

		PAGES
Chapitre IV.	— Le Surnaturel et le Divin	161
— V.	— Les Rites sacrés et les Rites maudits.	170
— VI.	— De la Divination	181
— VII.	— Le Point équilibrant	201
— VIII.	— Les Points extrêmes	215
— IX.	— Le Mouvement perpétuel	227
— X.	— Le Magnétisme du Mal	252
— XI.	— L'Amour fatal	277
— XII.	— La Toute Puissance créatrice.	296
— XIII.	— La Fascination	310
— XIV.	— L'Intelligence noire.	345
— XV.	— Le Grand Arcane.	362
— XVI	— L'Agonie de Salomon	371
— XVII.	— Le Magnétisme du Bien.	383

Beauvais. — Imprimerie Professionnelle.

www.ingramcontent.com/pod-product-compliance
Lightning Source LLC
Chambersburg PA
CBHW071914230426
43671CB00010B/1601